**Kristin F. Olsen / Emma Simonsson
Vera Simonsson / Ingebjørg Tollefsen**

Baffin Babes

In 80 Tagen auf Skiern durch die Arktis

Aus dem Norwegischen von
Lotta Rüegger und Holger Wolandt

Mit 205 farbigen Fotos und einer Karte

MALIK NATIONAL GEOGRAPHIC

Mehr Bäume.
Weniger CO$_2$.
www.cpibooks.de/klimaneutral

Mehr über unsere Autoren und Bücher:
www.malik.de

Bibliografische Information der Deutschen Nationalbibliothek
Die Deutsche Nationalbibliothek verzeichnet diese Publikation in der
Deutschen Nationalbibliografie; detaillierte bibliografische Daten
sind im Internet über http://dnb.d-nb.de abrufbar.

Die Übersetzung wurde gefördert von NORLA, Norwegian Literature Abroad, Oslo.

MALIK NATIONAL GEOGRAPHIC

Deutsche Erstausgabe
Oktober 2012
© Piper Verlag GmbH, München 2012
© für die norwegische Originalausgabe Cappelen Damm AS, 2010
Die norwegische Originalausgabe erschien 2010 unter dem Titel
»Baffin Babes. 80 dager på ski i Arktis« bei Larsforlaget, Oslo
Umschlaggestaltung: Dorkenwald Grafik-Design, München
Umschlagfotos: Baffin Babes
Fotos im Innenteil: Baffin Babes, außer: S. 9 (www.yourexpedition.com);
S. 14, 15 (Jo Straube/Lofotposten); S. 19 (Miriam Cordts); S. 20 oben (Martin Enckell);
S. 21 (Marit Holm); S. 24 (Alexander Jansen); S. 27 (Magnus Gabrielsen)
Karte: John Arne Eidsmo
Redaktion: Gro Stangeland, Fabian Bergmann
Satz und Litho: Fotosatz Amann, Aichstetten
Papier: Naturoffset ECF
Druck und Bindung: CPI – Clausen & Bosse, Leck
Printed in Germany   ISBN 978-3-492-40462-4

Das Papier wurde aus chlorfrei gebleichtem Zellstoff hergestellt.

Inhalt

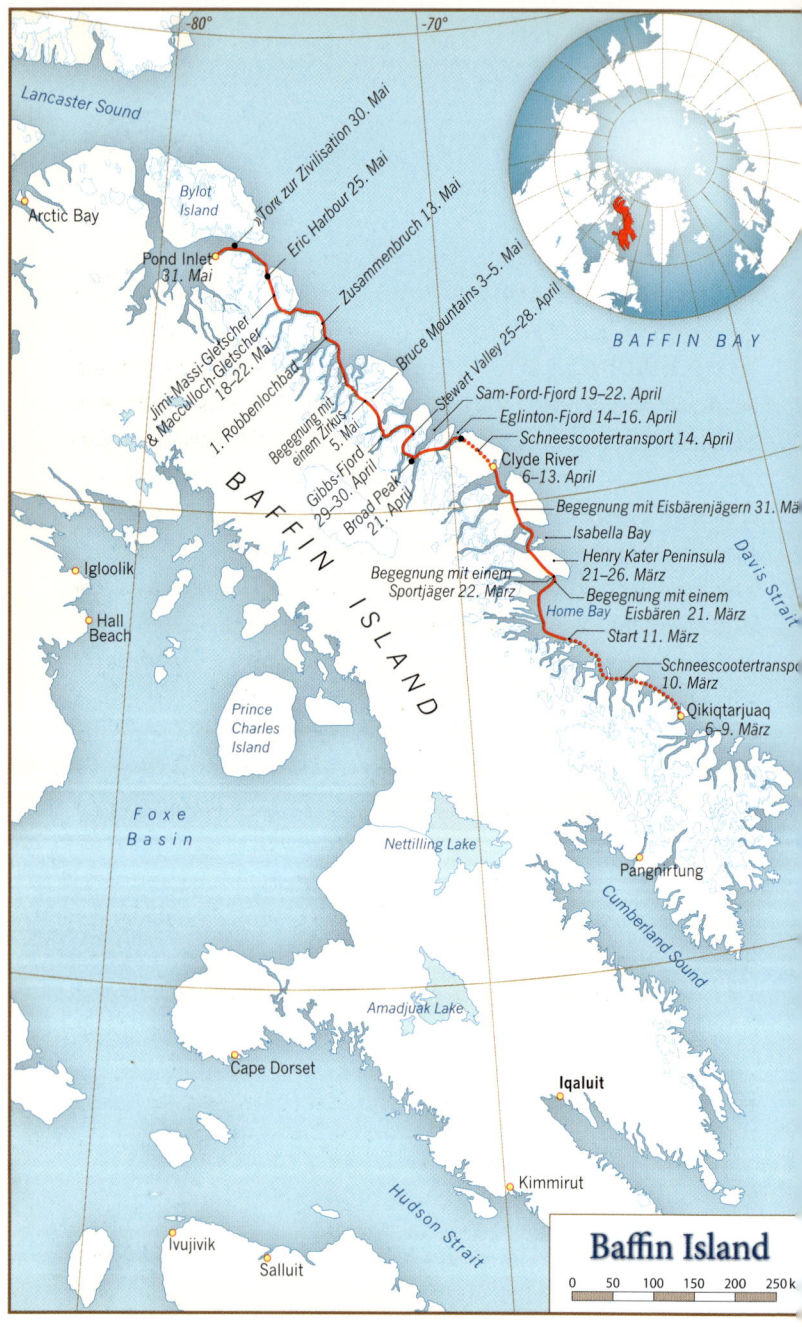

Lancaster Sound

Arctic Bay

Bylot Island

Tore zur Zivilisation 30. Mai

Eric Harbour 25. Mai

Pond Inlet
31. Mai

Zusammenbruch 13. Mai

Jimi-Massi-Gletscher
& Macculloch-Gletscher
18.–22. Mai

Bruce Mountains 3.–5. Mai

BAFFIN BAY

1. Robbenlochbär

Begegnung mit
einem Zirkus
5. Mai

Stewart Valley 25.–28. April

Sam-Ford-Fjord 19–22. April

Eglinton-Fjord 14–16. April

Schneescootertransport 14. April

Clyde River
6–13. April

Gibbs-Fjord
29.–30. April

Broad Peak
21. April

Begegnung mit Eisbärenjägern 31. Mä

BAFFIN ISLAND

Isabella Bay

Henry Kater Peninsula
21.–26. März

Begegnung mit einem
Sportjäger 22. März

Begegnung mit einem
Eisbären 21. März

Davis Strait

Igloolik

Hall
Beach

Home Bay

Start 11. März

Schneescootertranspo
10. März

Prince
Charles
Island

Qikiqtarjuaq
6–9. März

Foxe
Basin

Nettilling Lake

Pangnirtung

Amadjuak Lake

Cumberland Sound

Cape Dorset

Iqaluit

Nettilling Lake

Hudson Strait

Kimmirut

Ivujivik

Salluit

Baffin Island

0   50   100   150   200   250 k

Vorwort

Es ist mir eine große Freude, das Vorwort zu diesem Buch schreiben zu dürfen. Ich habe mich dazu bereit erklärt, noch bevor ich eine Zeile gelesen hatte, weil ich Kristin, eines der Babes, bereits auf Spitzbergen und die anderen etwas später während der Planungsphase ihres Abenteuers kennengelernt hatte. Trotz des Altersunterschieds hatte ich das Gefühl, dass wir uns sehr nahe waren. Am Esstisch in einem Sommerhaus in Krokskogen unterhielten wir uns darüber, wie es ist, bei sehr großer Kälte unterwegs zu sein. Wir sprachen jedoch nicht nur über praktische Dinge, sondern auch über das Glücksgefühl während einer Expedition und über die abenteuerlichen Reisen, von denen wir noch träumten.

Ich spürte, dass uns die Liebe zur Natur gemeinsam ist, dass wir alle gern unterwegs sind und Spaß daran haben, unsere physischen und psychischen Grenzen zu testen. Das Faszinierende an den Babes war, dass sie sich nicht so sehr für die klassischen Reviere wie Grönland oder die Polregionen begeisterten, sondern besondere Gegenden finden wollten, die bei einer langen Wanderung eine richtige Herausforderung darstellten!

Außerdem verbindet uns eine große Liebe zur Arktis. Spitzbergen hat einen großen Platz in unseren Herzen, denn drei der Babes – Vera, Ingebjørg und Kristin – hatten es schon einmal der Länge nach auf Skiern durchwandert. Und obwohl mich meine längsten Expeditionen in die Antarktis führten, verdanke ich meine eindrücklichsten Naturerlebnisse Spitzbergen und dem Polarmeer. Ich kenne keine schönere Gegend: das sich ständig verändernde Licht, das sich auftürmende Packeis, der Nebel über dem Wasser – und dazu ein Terrain, das ständig versucht, dich schachmatt zu setzen.

Jetzt wollten die Babes in eine meiner Traumregionen, nach Baffin Island, auf die aufregendste und schönste Insel Kanadas. Es versteht sich von selbst, dass wir viel zu besprechen hatten. Es macht Spaß, junge expeditionserfahrene Frauen zu treffen, die anspruchsvolle Projekte planen. Wir haben viel gemeinsam, aber es gibt auch Generationsunterschiede. Ich selbst höre bei Wanderungen nie Musik. Die Babes haben dagegen ihre iPods dabei und treiben am Ruhetag Aerobic. Mit mir und anderen Abenteurerinnen aus Norwegen verbindet sie wiederum, dass es ihnen schwerer fällt, Sponsoren zu finden, als den Männern. Es hat mich sehr beeindruckt, dass die Babes einfach unangemeldet mit zwei großen Rucksäcken bei der Freia-Schokoladenfabrik vorstellig wurden und um 35 Kilo Schokolade baten! Leider mussten sie mit leeren Händen abziehen …

Die Baffin Babes planten also eine achtzigtägige und 1200 Kilometer lange Wanderung durch die Arktis Baffin Islands. Das ist nichts, was die meisten von uns mit typischen *babes*, also Miezen, Puppen oder Schnuckelchen assoziieren. Die Wahl des Namens rührte vielleicht daher, dass die vier in der Vorbereitungszeit genau dem begegneten, mit dem sich die meisten jungen Frauen konfrontiert sehen, die ein außergewöhnliches Projekt planen: Statt auf Neugier, Ermunterung und Interesse vonseiten der Herren stoßen sie auf Skepsis und müssen sich belehrende Kommentare anhören. Da das extreme Outdoorleben immer noch von Männern dominiert wird, sehen sich offenbar viele von ihnen in ihrem Ego von den Babes bedroht, denn diese garantieren – auch in diesem Buch – vielfältigste Girlpower und ansteckenden Enthusiasmus.

Wir begleiten die vier durch eine dramatische und wunderschöne Natur, über gewaltige Gletscher, das zugefrorene Meer, aufgetürmtes Packeis und auf wilde Berge. Der Start im März bei Dunkelheit und Temperaturen von minus vierzig Grad ist schmerzhaft. Wir folgen ihnen in den Frühling, in die Sonne, die wärmt und rund um die Uhr scheint. Daunenjacken und mehrere Lagen Wollunterwäsche werden von Boxershorts und BHs ersetzt. Die vier kühlen sich ab, indem sie in die Löcher springen, die sich Robben zum Atmen im Eis offen halten!

Die meisten Expeditionsbücher handeln davon, die Natur zu bezwingen, von Anstrengung, Schmerz und Einsamkeit. Die vier erfahren ebenfalls Schmerzen, Krankheit und Konflikte, an denen sie uns ohne Umschweife teilhaben lassen, aber diesem Buch ist dennoch ein warmer, empfindsamer und humorvoller Ton zu eigen. Auch wenn mal Rotz und Wasser geheult werden, siegen am Ende der Respekt vor- und das Vertrauen zueinander. Jede Seite spricht von dem Bedürfnis, dem Willen und der enormen Freude daran, unterwegs zu sein!

Gute Reise mit den Baffin Babes!

Liv Arnesen

Baffin Babes
KRISTIN

Die Vorbereitung einer Expedition nach Baffin Island bedeutet, sein ganzes Leben für drei Monate im Voraus auf Mikroniveau zu planen. Wir wissen genau, was wir an jedem Tag essen und welche Kleidung wir tragen werden, wir wissen, dass wir Ski laufen, das Zelt aufbauen und Schnee schmelzen werden. Wir wissen allerdings nichts über Terrain, Wetter und eventuelle Besucher. Bevor wir jedoch erfahren müssen, was passiert, wenn die Detailplanung mit Unwägbarkeiten kollidiert, bereiten wir uns lieber noch intensiver vor. Der Weg zum Start ist weit.

Das Wort »Kälte« bekommt eine neue Bedeutung

Gefrorenes Sushi ist nichts für uns vier Ladys. Unsere beiden Begleiter lassen sich das Gourmetmahl allerdings schmecken.

»Er muss verrückt sein. Bei minus vierzig Grad eine gefrorene Forelle zu zerschneiden und aufzuessen!«

Emma sieht Billy und Gary Arnaq schockiert an. Die beiden hocken im Schnee und mampfen den bretthart gefrorenen Fisch. Vater und Sohn bringen uns mit dem Schneescooter zur Home Bay. Hier soll unsere Expedition beginnen. Gerade haben wir eine Pause eingelegt.

»*It warms you up inside later*«, erklärt Gary.

»Vielleicht sind aber auch *wir* verrückt«, korrigiert sich Emma. »Wir treiben uns hier in der Eiswüste rum und raffen gar nichts.«

Während die harten Kerle – die härtesten, denen ich in meinem Leben je begegnet bin – in der Polarnacht den gefrorenen Fisch genießen, schwinge ich angestrengt meine Beine hin und her, um die Blutzirkulation bis in die Zehen in Gang zu halten. Ein Boxkampf mit Vera bringt den Puls auf Touren, um die Schneescooter herumzurennen ist dafür ebenfalls gut. Wir tollen auf dem Eis herum. Ein großer Vollmond erleuchtet die Gebirgslandschaft, und ich denke:

Wenn ich doch nur etwas mehr so wäre wie Billy und Gary. Ein paar Inuit-Eigenschaften wären wirklich super.

Wenig später lassen sie die Motorschlitten an, und wir sind wieder unterwegs. Den Hund Anu dicht neben mir, kauere ich mich zusammen. Als die Sonne vor einigen Stunden hinter dem Horizont verschwand, merkten wir, dass die Temperatur rasch fiel. Waren es, als wir bei strahlender Sonne gegen Mittag aufbrachen, noch minus 38 Grad, dann müssen es jetzt …

Meine Gedanken reißen ab. Ständig werden sie von einem eisigen Zittern unterbrochen, das meinen ganzen Körper erfasst. Zeitweilig nicke ich auch ein und entschwinde in eine Traumwelt: Ich liege im warmen Sand eines Bahama-Strands und genieße die Sonne.

»Ich glaubte schon, ich müsste sterben«, murmelt Vera hinter ihrer von Reif bedeckten Gesichtsmaske, als wir am Ziel sind.

»*Mamma mia*, ›Kälte‹ hat hier wirklich eine neue Bedeutung. Ich bin fast in Panik geraten«, meint Emma.

Dreizehn Stunden nonstop auf einem Schlitten hinter einem Schneescooter kauern – bei minus vierzig Grad – ist kein Zuckerschlecken.

Während des Schneescootertransports begegnen wir Fischern, die einen großen Fang gemacht haben. Unser Fahrer Billy darf sich zwei Saiblinge aussuchen.

Die Stimmung ist angespannt, und ein Gefühl der Leere stellt sich ein, als wir am folgenden Tag unseren neuen Freunden zum Abschied hinterherwinken. Zusammen mit Billy und Gary fühlten wir uns geborgen. Wir stehen nebeneinander und schauen den Schneescootern hinterher, die zu kleinen Punkten werden, ehe sie ganz im Eis verschwinden. Wir sind allein. Ab jetzt hängt alles von uns allein ab. JETZT fängt es an!

Warum ein Warum?

Wie entsteht die Idee, ein Vierteljahr auf einer Skiwanderung zu verbringen? Wieso entschließen sich vier Freundinnen, 1200 Kilometer auf Skiern zurückzulegen und in einer eiskalten, unwirtlichen Welt, weit entfernt von der gewohnten und vertrauten Umgebung, in einem Zelt zusammenzuleben? Außenstehende wollen immer die Antwort auf die Frage nach dem Warum wissen.

Für uns ist dieses Warum nicht so wichtig. Uns genügt es, den Wunsch, den Willen und die Lust zu etwas zu ver-

In Rørvikskaret auf den Lofoten bereiten wir uns aufs Reifenziehen vor.

spüren. Lässt man sich davon leiten, kommt man im Leben dahin, wohin man will. Nah oder weit, niedrig oder hoch, das spielt keine Rolle. Wichtig ist, dass der Puls bei den Entscheidungen, die man trifft, schneller schlägt und dass man seine Träume lebt.

Vera und Emma bringen die Sache ins Rollen. Im Frühjahr 2007 unternahmen die aus Schweden stammenden Schwestern eine einmonatige Skiwanderung durch Nordschweden und Nordnorwegen. Sie konnten einfach nicht genug davon bekommen und wollten wieder los. An einem schönen warmen Sommertag desselben Jahres sitzen wir auf dem Kai vor meinem Haus in Henningsvær auf den Lofoten, und die beiden erzählen mir von ihrer Idee.

»Willst du nicht auf eine Expedition mitkommen, Kristin?«, fragt Vera.

»Ja!« Ohne nachzudenken, springe ich auf das Karussell auf.

Als Vera und Emma ihre Schweden-Norwegen-Expedition unternahmen, befand ich mich mit einem Freund auf einer dreiwöchigen Skitour in Nordwestspitzbergen. Diese Tour war phantastisch, aber mir fehlten die Freundinnen. Mit ihnen habe ich in der Wild-

Die Landkarten von Baffin Island sind gerade mit der Post gekommen, und wir legen auf dem Kai in Festvåg bei Henningsvær die erste provisorische Route fest.

nis am meisten Spaß. Bei dem Gedanken, mehrere Monate mit ihnen zu verbringen, werde ich ganz aufgedreht.

Wo, wann, wie lange, was?

Die Fragen überschlagen sich, und es bleibt uns nichts anderes übrig, als sofort mit der Planung zu beginnen. Die erste Herausforderung besteht darin, Ingebjørg davon zu überzeugen, dass es das Klügste ist, einfach das Lehramtsstudium an den Nagel zu hängen, schließlich geht es um eine so wichtige Angelegenheit wie eine Expedition. Ingebjørg ist allerdings erst nicht davon zu überzeugen, kommt aber nach einigen Wochen Bedenkzeit zur Vernunft.

Aus Ingebjørgs Tagebuch, 1. August 2008:

Es dauerte einige Zeit, mich dazu zu überreden, an einer neuen Skiexpedition teilzunehmen. Ich hatte wenig Lust, mein Studium und Leben in Tromsø aufzugeben. Ich fühlte mich mit den Mitstudenten wohl, und es gefiel mir auch, für Gisle und Signe mit den Schlittenhunden zu trainieren. Diese beiden und die Hunde binden mich wirklich sehr an Tromsø. Aber jetzt habe ich mich entschieden: Ich werde mich ein Jahr lang von ihnen trennen. Das ist schwer. Ich hoffe, noch ein paar weitere Jahre in Tromsø verbringen zu können und dass ich so weitermachen kann wie vorher, wenn ich wieder zurück bin. Jetzt aber habe ich beschlossen, mitzumachen, und jetzt ist ganzer Einsatz gefragt!

Karten, Kalender, Kameradschaft und Kuchen

Bei vielen Expeditionen geht es darum, dass man der Erste ist, der Schnellste oder am höchsten irgendwo hinaufkommt. Die Wahl der Teilnehmer hängt nicht selten davon ab, wer am besten dazu beitrag kann, dieses Ziel zu erreichen. Aber natürlich ist das nicht *immer* so, und oft lassen sich sogar gute Freundschaften mit den hochgeschraubten Zielen und Leistungserwartungen vereinbaren.

Egal! Wir begannen am anderen Ende. Ausgangspunkt war der Kern – *wir*. Aus unserer Freundschaft sollte etwas Schönes, Großes und Aufregendes entstehen. Ideen und Träume sollten beim Abstoßen mit den Skistöcken und im Frostnebel unter einem funkelnden Nordlichthimmel Gestalt annehmen. Uns verbindet alle vier eine große Liebe zur Natur. Wir lieben es, draußen zu sein. Wir mögen Herausforderungen, die uns pushen können. Wir besitzen viel Tourenerfahrung und sind Individualistinnen mit enormer Willensstärke. Wir sind neugierig und verspielt und fühlen uns in Gesellschaft der anderen wohl. Das ist ein stabiles Fundament.

Nachdem wir die Expedition ein halbes Jahr im Hinterkopf hatten, ist es im Januar 2008 an der Zeit, die Ärmel aufzukrempeln und

Im Januar 2008 gründen wir die Baffin Babes: Kristin, Ingebjørg, Emma und Vera (v. l. n. r.). Wir haben eine Vision, und engagiert, draufgängerisch und lächelnd werden wir sie in die Tat umsetzen.

anzupacken. Wir treffen uns in Oslo und überlegen. Bei diesem ersten Treffen einigen wir uns auf Folgendes:

- Kamtschatka, das ursprüngliche Ziel der Expedition, wird verworfen. Wir beschließen stattdessen, dass die Reise nach Baffin Island im Nordosten der kanadischen Arktis führen wird.
- Wir geben uns den wunderbaren Namen »Baffin Babes«.
- Das Ganze soll 2009 über die Bühne gehen.

Sehr viel mehr wissen wir noch nicht, im Laufe dieses Jahres muss also hart gearbeitet werden, damit alles klappt. Wir müssen uns Fettreserven anfuttern, um mit der Winterkälte klarzukommen, und verdrücken Unmengen Plätzchen und Chips, während wir Ausrüstung, Genehmigungen und Informationen beschaffen. Der Umstand, dass sich Emma in Göteborg, Ingebjørg auf Spitzbergen, Vera in der Antarktis befindet und ich in Grönland bin, gestaltet die Koordination nicht unbedingt einfacher. Eine Menge Zeit geht für die Kommunikation drauf, und vieles würde besser laufen, wenn wir uns zusammen an einem Ort befänden. So wird jedoch alles kompliziert. Aber wir sind keine Nachbarinnen und befinden uns an Orten, die uns Kraft geben und unserem Alltag einen Sinn verleihen. Das ist ein charakteristisches Merkmal der Gruppe – wir machen, was wir wollen, wo wir wollen! Es ist besser, die Situation positiv zu sehen, anstatt sich von den unzähligen hin und her geschickten Mails, hohen Telefonrechnungen und schlechten Skype-Verbindungen nerven zu lassen.

Finanzkrise

Nicht alles läuft bei den Vorbereitungen so wie erhofft. Einige Sponsoren springen ab. Alle geben den schlechten Zeiten die Schuld. Wir hätten keinen schlechteren Zeitpunkt wählen können als 2008, das Jahr der Finanzkrise. Um die Expedition zu finanzieren, haben wir alle zusätzlich zu den großzügigen Beiträgen verschiedener Partner Geld gespart. Es erweist sich als unmöglich, alle Kosten zu decken, aber wir sind der Ansicht, dass man uns zumindest die Schokolade ausgeben kann! Während eines Planungstreffens in Oslo nehmen wir also zwei leere Rucksäcke, fahren zur Freia-Schokoladenfabrik und klingeln.

»Hallo! Wir wollen eine achtzigtägige Skitour durch Kanada unternehmen und brauchen Schokolade. Können Sie uns vielleicht mit 35 Kilo aushelfen?«

»Sie können hier nicht einfach so reinschneien und erwarten, dass jemand Zeit für Sie hat. Haben Sie überhaupt einen Termin?« Der Sicherheitsmann an der Tür sieht uns skeptisch an.

Emma ist sehr engagiert. Sie arbeitet freiwillig beim Netzwerk »Kein Mensch ist illegal« und ist die treibende Kraft eines Projekts für junge Frauen in einem Göteborger Vorort.

Vera arbeitet als Guide in der Antarktis. Wenn sie sich nicht gerade via Skype mit den Babes bespricht, amüsiert sie sich in den südlichen Polarregionen.

Ingebjørg fühlt sich in Longyearbyen auf den Lofoten ausgesprochen wohl. Sie arbeitet in einer Schule und kümmert sich um Schlittenhunde.

Zwei Monate als Hundepflegerin in Ilulissat auf Grönland sind ein gutes Training für unsere Expedition. Ich gönne mir einen Ausflug mit Batman, Frøken, Pluto, Tungu und Sibir.

»Nein, wir haben keinen Termin, aber jetzt sind wir ja hier, können wir nicht einfach mit jemandem reden?«

Wir werden weder zum Direktor noch zu irgendwelchen Mitarbeitern vorgelassen und ziehen mit leeren Händen ab. Naiv? Tja. Wir lernen, bei der Suche nach guten Sponsoren direkt und konkret zu sein. Es ist leicht, »danke für Ihre Anfrage, aber nein danke« auf eine Mail zu antworten. Bei einem persönlichen Gespräch ergibt sich jedoch hin und wieder die Chance, einen guten Eindruck zu hinterlassen und jemanden davon zu überzeugen, was für ein superstarkes Projekt »Baffin Babes« ist. Wir ziehen viele Nieten, haben dann aber schließlich doch einige Wahnsinnspartner beisammen, die uns gern unterstützen wollen. Für den Schokoladenbeitrag kommt Svalbardbutikken auf, ein großes Geschäft auf Spitzbergen!

Nagende Unsicherheit

Uns gehen während der Planung viele Gedanken durch den Kopf. Ingebjørg schreibt am 5. September, ein halbes Jahr vor der Abreise, in ihr Tagebuch:

Als Allererstes muss ich sagen, dass ich ohne die Überredungskünste der anderen nicht auf diese Expedition mitfahren würde. Ich glaube, ich würde eher mit irgendwelchen Jägern in Alaska überwintern oder ein Jahr in einer Hütte auf Spitzbergen verbringen. Warum versuche ich nicht selbst, eine Expedition auf die Beine zu stellen? Ich bin zu faul, habe zu große Angst und bin zu gern an Orten, von denen ich weiß, dass es mir an ihnen gut geht. Das Unbekannte macht mir Angst. Ich habe Angst davor, dass wir zu unterschiedliche Ziele verfolgen, die sich nicht unter einen Hut bringen lassen. Ich hatte Angst, dass meine Beziehung auseinandergeht, wenn ich noch einmal losziehe. Aber das tat sie dann auch so ... Ich habe Angst vor Eisbären, vor Eis, das nicht trägt, und vor Gletscherspalten – außerdem hasse ich es, nachts zu frieren!

Obwohl wir uns alle wahnsinnig freuen, bestehen gewisse Bedenken. Mich beunruhigt am meisten die Kälte. Ich bin verfroren und bekomme immer gleich kalte Füße und Hände. Jemand wie ich, der sich am Strand gern in der Sonne aalt, muss hart an der mentalen Vorbereitung arbeiten. Bei minus vierzig Grad kann man sich keine Fehler erlauben. Zu Erfrierungen und Unterkühlung darf es nicht kommen. Damit, dass ich frieren werde, muss ich einfach leben. Das ist nicht weiter gefährlich, es geht lediglich um die Einstellung. Ich beschließe, die furchterregend niedrigen Temperaturen als aufregende Herausforderung zu betrachten und nicht als etwas, was mich ängstigen muss.

Welches Zelt sollen wir nehmen? Wir testen verschiedene Modelle im Sofienbergpark in Oslo. Schließlich entscheiden wir uns für das Tunnelzelt »Spitsbergen Camp 4«.

Emma machen ihre empfindlichen Knie zu schaffen. Halten sie drei Monate auf Skiern durch? Mit wie vielen Schmerzen kann sie leben? Könnte sie von dieser Belastung bleibende Schäden davontragen? Arzt und Physiotherapeut empfehlen ihr, zu Hause zu bleiben, aber Emma trotzt ihrem Rat. Sie will die Schmerzen auf sich nehmen, die Baffin-Reise erscheint ihr lebenswichtig.

Vera ist etwas deprimiert, weil sie nicht nach Afrika fahren kann. Der Job als Reiseleiterin, den man ihr anbietet, kollidiert zeitlich mit unserer Abreise, und sie muss ablehnen. Wir trösten sie damit, dass sie statt Löwen Eisbären sehen wird.

Ein Blatt weniger

Um in Form zu kommen, benutzen wir verschiedene Trainingsmethoden. Das Ziehen von Autoreifen und Kraft- und Ausdauertraining stehen auf dem Programm. Bei unserem vollgestopften Zeitplan gerät die Vorbereitung allerdings leider etwas zu oft ins

Hintertreffen. Am wichtigsten ist jedoch, dass man eine stabile Kondition hat und über lange Zeit große Belastungen aushält. Die Superform darf sich ruhig erst unterwegs einstellen, und es ist wichtig, es ruhig anzugehen und es nicht zu eilig zu haben.

Bei einem gemeinsamen Training im Februar in der Oslomarka ziehen wir zu dritt die Schlitten. Die Vierte von uns hat keine Kraft. Sie hat kaum die Energie, auf leichten Langlaufskiern Schritt zu halten, obwohl wir uns im Schneckentempo bewegen. Ingebjørg ist krank. Wir wissen das schon seit einer Weile, aber offenbar haben wir bislang nicht begriffen, wie ernst ihre Situation wirklich ist. In den letzten Monaten hat sie von Übelkeit und Erschöpfung berichtet. Sie hatte nicht die Kraft zum Trainieren und musste sich auch in Longyearbyen, wo sie vertretungsweise einen Job als Lehrerin angenommen hat, krankschreiben lassen.

»Bis zur Abreise ist es noch lang hin«, trösteten wir sie. »Natürlich wirst du gesund!«

Optimismus ist etwas Gutes, aber wenn er in Naivität umschlägt, ist er nicht mehr so gut. Trotz unzähliger Arztbesuche und fünftägiger stationärer Beobachtung in der Universitätsklinik Tromsø fanden die Experten keine pas-

In der Drammensmarka gibt es viele schöne Wanderwege, die sich ausgezeichnet dafür eignen, Autoreifen zu ziehen.

sende Diagnose für Ingebjørgs Probleme. So weiß auch niemand, wie sie gesund werden kann.

Unter schneebedeckten Tannen in der Oslomarka holt uns nun die Realität ein.

»Hört mal, ich kann nicht mit!« Ingebjørg hängt atemlos über ihren Skistöcken. »Nicht mal einen einstündigen Langlauf in Oslo schaffe ich, wie soll ich da achtzig Tage eine über hundert Kilo schwere Pulka ziehen können?« Ihre Stimme zittert, und ihre Augen sind voller Tränen. »Ihr müsst ohne mich fahren.« Der sonst so lebhafte Rotschopf starrt zu Boden.

Es tut weh, das einzusehen, und ich weiß, dass ich vollkommen aufgelöst wäre, würde ich in ihrer Haut stecken. Sie ist natürlich wahnsinnig traurig, aber es gelingt ihr, die Vernunft Oberhand über die Gefühle behalten zu lassen. Brutal ausgedrückt können wir bei der Expedition keine Kranke dabeihaben. Ingebjørg sieht

---

Fakten über Baffin Island, 69°00′ N 72°00′ W

Fläche:	507 451 km², Kanadas größte Insel und die fünftgrößte der Welt
Lage:	im Nordosten der kanadischen Arktis, Territorium Nunavut
Verwaltungssitz:	Iqaluit
Einwohnerzahl:	11 000, die meisten von ihnen Inuit. Etwa zwei Drittel wohnen in Iqaluit.
Sprachen:	Inukitut und Englisch
Klima:	arktisches Klima mit kurzen Sommern und langen Wintern. Temperaturen bis minus fünfzig Grad

das ein. Ihre Aufgabe im nächsten Monat wird sein, gesund zu werden, damit sie sich uns im April in Clyde River zur zweiten Etappe anschließen kann.

Abreise am 1. März

Bevor wir mit viel zu schwerem Handgepäck die Sicherheitskontrolle des internationalen Osloer Flughafens Gardermoen passieren, drehe ich mich noch einmal um und winke Ingebjørg ein letztes Mal zu. Sie hat uns begleitet und sieht in ihrem roten Skianorak mitten in der Menge aus wie das kleine bleiche Mädchen auf dem Schulhof, das nicht mitspielen darf. Die Pläne mussten geändert werden, und das ist die erste große Herausforderung der Expedition, mit der wir fertig werden müssen. Rein praktisch spielt es keine große Rolle, dass wir eine weniger sind. Die Ausrüstung wird auf drei statt vier Pulkas verteilt, wodurch diese schwerer werden, aber der Unterschied macht sich nicht dramatisch bemerkbar. Ebenfalls fällt kaum ins Gewicht, dass wir nun mit einer Person weniger alle praktischen Aufgaben zu bewältigen haben. Und dass drei wohlgenährte Hinterteile nebeneinander mehr Platz haben als vier, ist im Grunde nur gut. Ich war die ganze Zeit dagegen, nur ein Zelt mitzunehmen, wurde aber überstimmt. Jetzt habe ich Platz genug. Ich zwinge mich, mich auf diese Dinge zu konzentrieren. Ich kann nicht wochenlang auf Tour sein und damit hadern, dass jemand fehlt. Die Psyche muss übersteuert werden, aber im Augenblick funktioniert dieses Übersteuern recht schlecht. Mir tut es wahnsinnig leid, dass Ingebjørg nicht dabei sein kann.

Beim Flug über den Atlantik kommt uns die durch ihr Fehlen ausgelöste Leere unwahrscheinlich groß vor.

Emma schreibt am 1. März in ihr Tagebuch:

Traurig und fast unwirklich, von Ingebjørg Abschied nehmen zu müssen. Bis zuletzt habe ich gehofft, dass sie mitkommen könnte. Es fällt mir schwer, ohne sie zu reisen. Ich frage mich, wie Vera, Kristin und ich allein miteinander auskommen werden. Bis zuletzt war es stressig, und die Stimmung war auch nicht immer die beste. Vermutlich sind wir alle nervös und gestresst. Wir haben Ewigkeiten am Computer verbracht, um ein unendliches Chaos von Dingen zu bewältigen. So hatten wir es uns eigentlich nicht vorgestellt, aber es wird vermutlich ganz anders, wenn wir erst mal dort sind. Ingebjørg wird mir fehlen. Sie ist ein Goldstück, ein Fels. Mir stehen die Tränen in den Augen, als wir ihr ein letztes Mal zuwinken.

Am 4. März schreibt Ingebjørg in Longyearbyen in ihr Tagebuch:

Die anderen sind abgereist – ohne mich. Es schmerzt zu sehr, nur daran zu denken. Ich versuche, diese Gedanken wegzuschieben, aber sie sind fast ständig da. Im Grunde ist es ja gut, dass ich jetzt keinen Eisbären im Dunkeln begegnen muss, aber sogar dem hätte ich

Auf dem Osloer Flughafen Gardermoen. Ingebjørg ist krank und muss in Norwegen bleiben. Sie soll in Clyde River für die zweite Etappe nachkommen.

mich ausgesetzt, um dabei sein zu können. Am allerliebsten hätte ich alles zusammen mit Kristin, Emma und Vera erlebt.

Ich werde alle Energie, die nötig ist, darauf verwenden, gesund zu werden. Den Rest schicke ich den anderen. Außerdem schicke ich ihnen etwas von meiner Angst vor Eisbären. Ich weiß sehr gut, dass sie zurechtkommen werden. Mein größter Wunsch ist, dass sie einen phantastischen Monat erleben. Ich kann den Tag nicht erwarten, an dem sie über das Eis nach Clyde gleiten. Ich werde an diesen Tag denken, nicht an die Tage, die ich nicht dabei sein kann.

Karusselldasein in Kanada

Vera liegt krank und erschöpft in Ottawa im Motelbett. Vor der Tür des *Montery Inn* steht ein leuchtendes Reh. Die Weihnachtsdeko ist noch nicht weggeräumt, obwohl bereits März ist. Emma und ich flitzen in einem gemieteten silbergrauen Dodge in Downtown Ottawa herum. Die drei Tage, die wir hier verbringen, erleben wir wie Blitze in intensiver Folge. Airport, Frachtfirmen, Flirten mit dem Typen am Cargoschalter (in der Hoffnung auf Rabatt, und ja, es gelingt!), Internet, Listen, Anrufe, Auspacken, Einpacken, Lebensmittelgeschäfte, Outdoorläden, Fotogeschäfte und dann endlich die Maschine nach Baffin Island. Nach unserer Ankunft in Iqaluit nimmt das Tempo im Laufe des nächsten Tages weiter zu. Vera und Emma lassen unsere Ankunft registrieren und unterhalten sich mit Glen Higgins von der Notfallzentrale über Sicherheitsfragen. Gerät man auf Baffin Island in Schwierigkeiten, rücken aus den Dörfern Rettungstrupps mit Motorschlitten aus. Wegen der großen Distanzen und des oft sehr schlechten Wetters kann eine Rettung sehr lange dauern. Im Waffenladen kaufen wir Signalpistolen und Munition. Patronen für die Schrotflinte haben wir aus Norwegen mitgebracht, da sie hier nicht erhältlich sind.

In Iqaluit, der Hauptstadt des Territoriums Nunavut, gibt es unglaublich gut sortierte Supermärkte, es ist also kein Problem, alles, was uns an Lebensmitteln noch fehlt, zu bekommen. Während sich Vera und Emma ums Einkaufen kümmern, besteht meine Aufgabe darin, Hunde zu besorgen. Monatelang versuche ich jetzt schon, Hunde aufzutreiben, aber ohne Erfolg. Bis jetzt. Telefonisch habe ich von Ottawa aus für die Zeit nach unserer Ankunft in Iqaluit schon ein Treffen mit Rick Armstrong vereinbart.

Es stellt sich heraus, dass Rick ein netter Typ ist. Wir gehen zu seinem Hundezwinger, und ich erzähle ihm von unseren Erfahrungen mit Hunden auf Spitzbergen, in Alaska und auf Grönland. Zu seinen Vierbeinern bekomme ich sofort Kontakt, was Rick augenscheinlich überzeugt.

»*You can take that guy. He is blind on one eye, but experienced and strong.*«

»*Fantastic!*« Ich werfe mich dem großen Buck mit dem roten Pelz um den Hals, dann hole ich tief Luft. »*But, eeeh, hmm, we actually need* two *dogs …*«

Rick muss nachdenken, dann deutet er auf ein kleines, graues Fräulein. »*That's Anu, you can take her as well. She has never pulled a sled before, so it's up to you, if you take a chance or not.*«

Ich entscheide das eigenmächtig und freue mich schon darauf, Emma und Vera von unseren neuen Expeditionsmitgliedern zu erzählen: eine Primadonna und ein halb blinder Riese. Die gute Nachricht überbringe ich am 5. März spätabends im Hotelzimmer. Emma und Vera haben via *24hrs delivery* Fischburger bestellt.

»Ein 24-Stunden-Lieferservice auf Baffin Island, total irre!«

Qimmiq – der Hund der Inuit

Der Schlittenhund der Inuit stammt aus Asien und gelangte mit dem Thulevolk über die Beringstraße ins nördliche Alaska, nach Kanada und weiter nach Grönland. Er wird bis zu 45 Kilo schwer, misst an den Schultern bis zu 60 Zentimeter und kann das Anderthalbfache seines Körpergewichts ziehen. Das war sowohl bei der Jagd als auch für den Transport beim nomadischen Lebensstil der Inuit wichtig. Heute wohnen die Inuit in Dörfern, und Schneescooter haben die Aufgabe der Hunde übernommen. Es gibt immer noch Inuit, die die Jagd auf traditionelle Weise mit Hundeschlitten betreiben, aber für die meisten, die Hundeschlitten fahren, ist es nur noch ein Hobby.

Wenn der Hund nicht arbeitet, rollt er sich im Schnee zusammen, um nicht auszukühlen. Die Pfoten berühren dabei nicht den kalten Boden, und die Schnauze steckt unter dem Schwanz, damit er keine kalte Luft einatmet. Außerdem lässt er sich einschneien, da der Schnee als zusätzliche Isolierung dient.

Wir machen uns als Dessert über eine Tüte Chips her und fallen dann ins Bett.

Am Tag darauf wollen wir mit einer kleinen Maschine nach Qikiqtarjuaq weiter. Wir versuchen so zu tun, als würden wir jede unsere fünfzig Kilo Handgepäck mühelos über der Schulter tragen. Das gelingt uns nicht sonderlich gut. Mit zwei lebhaften Hunden und zwei großen Säcken Hundefutter plus einer übervollen Skitasche und drei Pulkas randvoll mit Ausrüstung fallen wir vermutlich ohnehin etwas auf. Es bleibt uns also nichts anderes übrig, als geknick unzählige Dollar für das Übergepäck hinzublättern. Erst dann lässt man uns an Bord der Maschine.

Der Flug ist kurz. Nur wenige Minuten nach dem Abheben von der Startbahn macht der Pilot aufgrund technischer Probleme kehrt und landet wieder. Aussteigen mit den Hunden. Dann heißt es warten. Vera beschließt, in die Stadt zu fahren, um ein paar Mails zu verschicken. Als die Maschine zwei Stunden später wieder fürs Boarding bereit ist, ist sie noch nicht zurück.

Buck und Anu

Emma tritt gestresst von einem Bein aufs andere. »Wo ist sie? Sollen wir ohne sie fliegen?«

Es ist nicht das erste Mal, dass wir auf einem Flugplatz spät dran sind. In Ottawa stöberte ich bei den Taschenbüchern, als ich ausgerufen wurde.

»Final call for passenger Kristin Folsland Olsen. Gate is closing.«

In Ottawa hatten wir es gerade noch geschafft, aber wird es uns dieses Mal gelingen, die Crew zum Warten zu überreden?

»Was sollen wir machen?« Emmas Stimme wird lauter.

»Wir fliegen einfach«, antworte ich und schaue hoch auf die Uhr. Die anderen Passagiere warten bereits seit zwanzig Minuten in der Maschine.

Während des Flugs kribbelt es im Magen. Dort unten werden wir in den nächsten drei Monaten wohnen.

Ich renne ein letztes Mal aus der Abflughalle, als davor plötzlich ein Auto hält. Noch ehe der Wagen ganz zum Stehen kommt, wird die Beifahrertür mit voller Wucht aufgerissen und Vera hechtet heraus. Am Steuer sitzt Kristy Frampton, die uns den Tag rettet. Sie arbeitet bei Parks Canada, wo Vera und Emma gestern waren. Kristy hat Vera auf der Straße wiedererkannt und wusste glücklicherweise noch, wann unser Flug geht. Sie hat Vera in letzter Sekunde zum Flugplatz gebracht.

Qikiqtarjuaq

Qikiqtarjuaq bedeutet »große Insel«. So heißen sowohl die Insel als auch das darauf gelegene Dorf. Bis 1998 lautete der offizielle Name Broughton Island. Die Insel ist 16 Kilometer lang und 12 Kilometer breit. Das Dorf hat 520 Einwohner (2010), von denen 91 Prozent Inuit sind. Qikiqtarjuaq liegt auf der Ostseite von Baffin Island, 97 Kilometer nördlich des Polarkreises.

»Ich habe Abflug und Boarding verwechselt«, stößt Vera atemlos hervor, als sie, zwei Stufen auf einmal nehmend, die Treppe zum Flugzeug hinaufstürmt.

»Gott, mir bleibt noch mal das Herz stehen, wenn ich mit euch beiden unterwegs bin!« Emma lässt sich auf ihren Platz fallen, schließt die Augen und atmet auf.

Die Propeller beginnen zu dröhnen, und wir sind dem Start einen weiteren Schritt näher gekommen.

Das Mekka der Gastfreundschaft

Die Bewohner von Qikiqtarjuaq sind nett und gastfreundlich. Wir spielen mit den Kindern auf der Straße und werden von der Polizei, dem Park Ranger und den Lehrern zum Essen eingeladen. Außerdem rettet uns der Rektor der Schule, Ian Gordon, vor dem finanziellen Ruin. Statt 1500 Kronen pro Nase und Nacht im Hotel zu bezahlen, dürfen wir bei ihm zu Hause campieren. Während der junge Rektor unterwegs ist und den Kindern des Dorfes Snowboardfahren beibringt, breiten wir uns mit Sack und Pack in seinem ganzen Haus aus. Essen, Kleider, Reparaturausrüstung, Satellitentelefon, Flaschen und Dosen bedecken jeden Quadratmeter Fußboden sowie alle Arbeitsflächen der Küche, Sofa und Stühle. Inmitten dieses Chaos verteilen wir Haferflockenmischung in Portionstüten und berechnen Toilettenpapier. Ein halber Kilometer für drei Personen und dreißig Tage ist zu viel, finden die Simonsson-Schwestern. Wir verzichten auf 100 Meter und entscheiden uns für 400 Meter verteilt auf 10 Rollen. Das ist mehr als genug.

Wir freuen uns auch, den alten Jäger Johannessis kennenzulernen. Wir suchen ihn mit unseren Landkarten auf und besprechen

Billy und Gary Arnaq sind die letzten Menschen, die wir vor Antritt unserer Tour sehen.

Drei hübsche Babes in expeditionistischer Nationaltracht

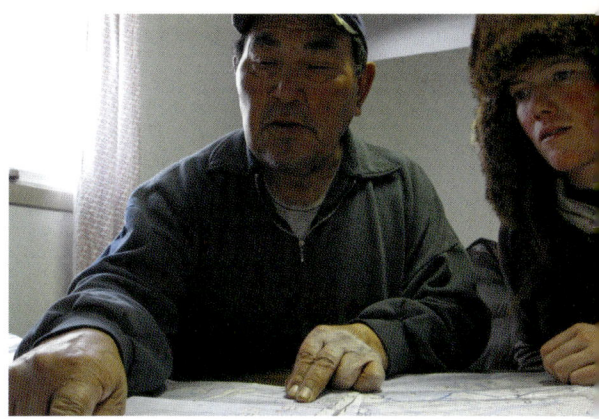

Der Jäger Johannessis und Vera besprechen die Route.

unsere geplante Route. Johannessis, der die Gegend wie seine Westentasche kennt, lässt uns an seinem enormen Wissen und seiner Erfahrung teilhaben – wo man am einfachsten Landzungen quert und die meisten Eisbären trifft. Er bietet uns an, in seiner Jagdhütte in der Nähe unseres Startpunkts zu übernachten. Der füllige, zahnlos lächelnde Inuk spricht nicht sonderlich viel Englisch, aber das ist für unsere Kommunikation auch nicht entscheidend. Wir gestikulieren, deuten mit den Fingern und finden gemeinsam die richtigen Worte.

»*Qakuguptaurq* – lebt wohl.« Mit einem festen und warmen Händedruck wünscht uns Johannessis viel Glück.

Die Schneescooterfahrer Billy und Gary sind zur Abreise bereit. Am 10. März verabschieden wir uns von der Zivilisation.

Erste Etappe

Im Reich der Eisbären
VERA

Es geht los! Jetzt sind wir endlich unterwegs. Die extreme Kälte stellt eine ständige Herausforderung dar. Um nicht auszukühlen, haben wir rund um die Uhr drei Paar Strumpfhosen an, wir schlafen jeweils in vier ineinandergelegten Schlafsäcken und behalten die Fingerhandschuhe immer an. Jeden Tag kreuzen wir frische Eisbärenfährten. Im aufgetürmten Packeis fällt es sehr schwer, den Überblick zu behalten.

Neues Land

Ich rücke die Gesichtsmaske und den Plastikschirm zurecht, bevor ich mich mit den Skistöcken abstoße. Es ist ein aufregendes Gefühl – wir sind unterwegs. In den letzten Nächten habe ich oft wach gelegen und überlegt, ob jede von uns es wohl schaffen wird, eine Pulka zu ziehen. Zwei der drei Schlitten sind 2,10 Meter lang, und das Gewicht beträgt über 100 Kilogramm pro Schlitten. Bei der starken Kälte wird der Schnee zu Sandpapier. Aber es klappt: Auf den ersten Schritt folgt der zweite, die Leinen spannen sich, und die Pulka gleitet vorwärts.

Ich atme tief ein und fülle meine Lungen mit der kalten arktischen Luft. Seit dem Sommer 2007 habe ich mich nach diesem Moment gesehnt. Ich drehe mich nach Kristin und Emma um, um zu sehen, wie sie zurechtkommen. Emma hält einen ihrer Skier in der Hand. Sie ruft etwas, aber ich höre nichts. Verärgert kommt sie auf mich zu.

»Meine Skistiefel passen nicht in die Bindung!«

Kapuzenmütze, Gesichtsmaske, Skibrille und Schneebrille sollen unser Gesicht vor der eisigen Kälte schützen.

»Das ist unmöglich. Das kann nicht sein, natürlich passen die. Lass mich mal sehen«, sage ich.

Sie hat recht. Sie passen nicht. Wir packen das Multitool aus und beginnen an den Stiefeln herumzuschnitzen, damit sie schmaler werden. In diesem Augenblick verschwindet Anu. Es ist ihr gelungen, sich aus ihrem Halsband zu befreien. Der eiskalte Wind verbeißt sich, meine Finger werden starr – es herrscht Chaos.

Aus Emmas Tagebuch, 13. März:
Der Schuh will nicht richtig in die Bindung passen. Was nicht geschehen darf, geschieht. Unroutiniert und ungeschickt. Gestresst. Es ist lächerlich. Ich krame ein Stahlseil als Sicherung hervor, aber es ist zu groß – ist es wirklich möglich, so dermaßen zu versagen? Hier stehe ich nach anderthalb Jahren Vorbereitung, und dann so etwas am ersten Tag. Aber obwohl das Seil überdimensioniert ist, funktioniert es damit, jedenfalls hält der Stiefel in der Bindung.

Trotz der guten Vorbereitung ist vieles neu und ungewohnt. Nach unserem ersten Tag müssen Emmas Stiefel angepasst und die Zuggurte nachgespannt werden. Auch die Maske sitzt nicht richtig. Diese kalte Winterlandschaft gestattet es nicht, dass die Luft auch nur an den kleinsten Flecken Haut gelangt. Die Hände stecken fast immer in vier Paar Handschuhen. Wir müssen unsere kalten Finger wärmen und schütteln sie kräftig, damit das Blut in Bewegung kommt und bis in die Fingerspitzen strömt. Die Finger und Zehen werden schnell klamm, wenn wir uns nicht bewegen. Deshalb dürfen wir nicht lange innehalten, denn sonst riskieren wir Erfrierungen.

Die eisige Weite breitet sich vor uns aus. Sie ist phantastisch. Endlich sind wir unterwegs, und wir spüren, dass wir genau am richtigen Ort sind. Die Sonne geht langsam unter und färbt den Himmel glühend rot, das Thermometer steht auf minus 38 Grad. Was für ein Kontrast!

Am 13. März schreibt Emma in ihr Tagebuch:
Endlich! Es ist ein unglaubliches Gefühl, unterwegs zu sein, dort zu sein. Fast unwirklich.

Bei Gegenwind auf einem zugefrorenen Meer

Wir bewegen uns nach Norden und hinterlassen eine Spur auf dem zugefrorenen Meer. Wir sind ganz allein. Home Bay ist der Witterung ausgesetzt, und der Wind hat alles Lebende, jeden Partikel in seiner Gewalt. Unsere Spur verweht rasch. Wir arbeiten daran, eine gewisse Routine zu erlangen, aber der Wind tut sein Möglichstes, um unsere Bemühungen zu hintertreiben. Wir befinden uns in einer neuen Welt, in der wir uns mit kleinen Schritten vorwärtsbewegen.

Wir laufen in den ersten Tagen täglich nur drei Stunden Ski, sind aber trotzdem fast 14 Stunden lang auf den Beinen. Die Kälte scheint Buck und Anu nichts anzuhaben, aber für uns ist sie eine permanente Herausforderung. Mit starren Fingern dauert alles eine Ewigkeit, und wir müssen immer gründlich arbeiten. Das Zelt

Bei fast minus vierzig Grad haben selbst wir Eis am Bart.

muss verankert, die Leinen angezogen und der Verschluss der Thermosflasche fest zugeschraubt werden. Dann lässt er sich aber kaum noch öffnen. Das Speiseöl, das wir abends ins Essen geben, weil wir mehr Fett verbrennen, erstarrt zu einer harten, kompakten Masse. Außerdem macht die Kälte die Ausrüstung spröde, und wir müssen aufpassen, dass nichts kaputtgeht.

Am 16. März schreibe ich in mein Tagebuch:

Schnee für elf Liter Wasser zu schmelzen dauert lang. Ich fülle den Topf bis zum Rand mit Schnee. Als ich einige Minuten später nachsehe, sind ganze zwei Zentimeter Wasser darin. Bis zum Rand sind es aber 23 Zentimeter. Ich wiederhole deshalb dieselbe Prozedur immer und immer wieder. Es ist dunkel. Als ich versuche, das kochende Wasser in die Thermosflaschen zu füllen, steigt mir der Wasserdampf in die Augen. Sobald ich den Topf mit Schnee gefüllt habe, muss ich nach draußen und Arme und Beine bewegen. Ich nehme mir vor, nie mehr zu ignorieren, dass meine Finger und Zehen gefühllos werden, sondern ständig in Bewegung zu bleiben. Ich will mich nicht

Das Abendessen ist rasch verspeist.

Jeden Morgen erhalten unsere Wimpern arktische Mascara.

einigeln, nicht die Augen schließen oder hoffen, dass mich ein anderer Körper wärmt, dass ich einfach verschwinden kann ... endlich Ruhe finde. Dieses Gefühl ist gefährlich, aber unglaublich verlockend.

Spuren von Leben

Wir sind Gäste im Reich der Eisbären. Jeden Tag kreuzen wir ihre Spuren – frische Spuren. Die Eisbären kommen von Südosten und befinden sich nach einem langen Winter auf dem Weg ans offene Meer. Sie jagen Robben. Sollten wir uns bedroht fühlen, können wir schießen. Das ist Notwehr. Dies ist das Land der Eisbären, dessen sind wir uns bewusst.

Anu und Buck sehen manchmal so aus, als würden sie die Witterung eines Eisbären aufnehmen. Bei Anu erwacht sofort der Jagdinstinkt. Plötzlich verschwindet sie in eine bestimmte Richtung und hinter einer Landzunge, dann taucht sie wieder auf und ist glücklich, dass sie die Umgebung erforschen darf.

Kristin wärmt sich ihre starr gefrorenen Finger an einer Flasche mit glühend heißem Wasser.

Im Vorzelt wird Schnee geschaufelt, bis wir eine bequeme Stehhöhe haben. Komfort ist bei einer Expedition wichtig.

Das Gewehr steht geladen und gesichert an seinem Platz vor dem Zelt.

Der kalte Schnee ist vom Wind zusammengepresst worden. Emma läuft neben mir. Es hört sich an, als hätte sie Sand oder Glasstaub unter den Skiern. So kommt es einem auch vor, denn die Skier gleiten auf dem kalten Schnee sehr schlecht. Der Wind hat hübsche Miniaturlandschaften geschaffen – Wellenmuster und scharfe Kämme –, und Riesinnen gleich überqueren wir Gebirgsketten mit einem einzigen Schritt. Die Schneekristalle funkeln in der Sonne. Im Laufe des Tages reden wir nur wenig miteinander, alle finden ihren Rhythmus, und nach den monatelangen Diskussionen ist es wunderbar, wieder zusammen schweigen zu können. Als die Sonne hinter dem eisigen Horizont untergeht, ziehen wir Daunenhose und Fleecejacke an und setzen die Pelzmütze auf. Darüber streifen wir noch die riesige, warme Daunenjacke.

Am 17. März schreibe ich in mein Tagebuch:
Heute Nacht bin ich für die Eisbären zuständig. Ich lade die Signalpistolen und lege sie griffbereit ins Vorzelt. Vor den Zelteingang stelle ich das geladene Gewehr, ein Ruger .30–06. Alles muss be-

Ein Eisbär auf der Suche nach Nahrung

reitliegen. Buck und Anu sind an Schneeankern auf beiden Seiten des Zeltes festgebunden. Ich krieche in Strumpfhose, Goretexhose, Anorak, Handschuhen und Schuhen sowie mit der Mütze auf meinem Kopf in meinen Schlafsack. In null Komma nichts muss ich bereit sein. Sollte sich ein Eisbär nähern, dann bellen Buck und Anu hoffentlich. Anschließend ist es meine Aufgabe, ihn in die Flucht zu schlagen. Im Laufe der letzten Jahre habe ich verschiedene Szenarien von Begegnungen mit Eisbären in meinem Kopf durchgespielt. Ich bin mir ziemlich sicher, dass ich mit der Situation, sollte sie eintreten, umgehen kann.

Eisbär (Ursus maritimus)

Der Eisbär ist das größte Raubtier der Welt. Ein ausgewachsenes Männchen wiegt 300 bis 700 Kilo und wird, wenn es sich auf die Hinterbeine stellt, bis zu drei Meter groß. Die Weibchen sind etwa halb so schwer. Eisbären sind Meeressäugetiere, obwohl sie während der Jagd die meiste Zeit auf dem Eis verbringen. Sie jagen Ringelrobben, Kegelrobben und Grönlandseehunde. Durch die gut isolierende Schicht aus Fell, Haut und angefressenem Speck wird es ihnen an Land schnell zu warm. Deswegen bewegen sie sich in der Regel relativ langsam. Bei einem Angriff oder auf der Flucht laufen sie jedoch auf kürzeren Strecken bis zu dreißig Stundenkilometer schnell.

An den Ufern von Baffin Island leben um die 10 000 von insgesamt 20 000 bis 25 000 Eisbären in der gesamten Arktis. Der gelbweiße Pelz des Tieres hat es zu einer begehrten Jagdbeute gemacht. Jagdquoten sollen deshalb verhindern, dass die als bedroht eingestufte Spezies ausstirbt.

Emma und Kristin haben sich neben mir in ihren Schlafsäcken vergraben. Ich überprüfe ein letztes Mal das Gewehr und hoffe auf eine Nacht ohne Besuch.

Eisnächte

Das Ziel des Tages ist die Landzunge Tallirjuaq. Emma ist für das Frühstück zuständig und kriecht als Erste aus ihrem Schlafsack.

»Vera, fühl mal, die Eisklumpen werden immer größer.«

Emma zeigt mir ihren Schlafsack, und wirklich, ich spüre große, harte Eisklumpen mit den Fingern.

»Sie sind viel größer als gestern. In meinem sind auch welche«, sage ich.

»Wenn das so weitergeht, müssen wir sie rausschneiden. So kann das schließlich nicht bleiben«, meint Emma.

Winzige Eiskugeln haben sich bereits nach zwei Tagen in ihrem und meinem Schlafsack gebildet, und das, obwohl wir in einem

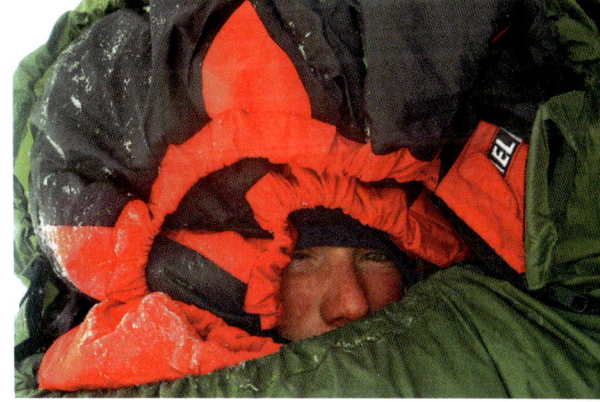

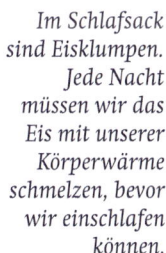

Im Schlafsack sind Eisklumpen. Jede Nacht müssen wir das Eis mit unserer Körperwärme schmelzen, bevor wir einschlafen können.

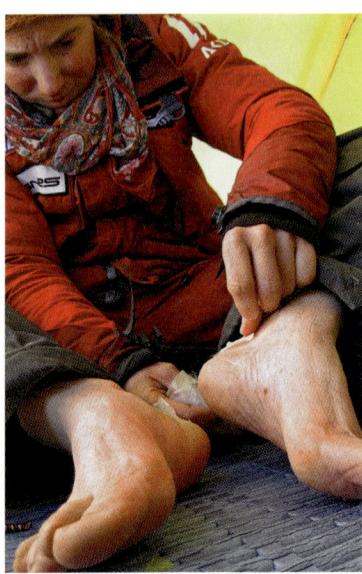

Emma verarztet jeden Morgen ihre blutenden Blasen.

Sack liegen, der als Feuchtigkeitssperre dienen soll und in den beiden kälteisolierenden Säcken steckt. Diese drei Schichten sind von einem weiteren Sack umgeben, der gegen Feuchtigkeit von außen schützen soll. Eigentlich darf die Körperfeuchtigkeit nicht in die Schlafsäcke dringen, aber das tut sie offenbar trotzdem. Wir schlafen alle drei in wollenen Strumpfhosen und kriechen so tief in die Schlafsäcke, wie es nur geht. Trotzdem frieren wir.

Die Diskussion über die Schlafsäcke endet erst, als Emma sich, während sie noch redet, die Socken auszieht. Sprachlos starre ich auf die blutenden und die noch nicht aufgeplatzten Blasen an ihren Fersen. Die Ruhe einer Nacht hat nicht ausgereicht, um den Zustand der brennenden Wunden zu mildern. Emma hat ganz offensichtlich Schmerzen, beißt aber die Zähne zusammen. Sie setzt ihre Kontaktlinsen ein, klebt große Pflaster auf beide Füße und setzt sich dann ins Vorzelt, um das Wasser für die Thermosflaschen heiß zu machen und Schnee für den Frühstücksbrei zu schmelzen. In der Zwischenzeit packen Kristin und ich die Ausrüstung weg, die nicht mehr gebraucht wird. Jeder Gegenstand hat seinen festen Platz in einer der Pulkas.

»Das Frühstück ist fertig! Kristin, du bist zuerst dran!«, ruft Emma aus dem Vorzelt.

Obwohl ich am Bauch eine zusätzliche Fettreserve von sechs Kilo mit mir herumtrage, bin ich hungrig. Zehn Stunden ohne Mahlzeit sind lang. Jede Portion Brei besteht aus vier Dezilitern Haferflocken. Das verputzen wir ohne Probleme. Zu Hause würde man solche Mengen nicht runterkriegen. Da jede aus einem eigenen Topf isst, können wir uns so viel Zeit lassen, wie wir wollen. Außerdem müssen wir nicht befürchten, dass sich eine von uns mehr nimmt, weil sie schneller ist, oder sich die »Rosinen« herauspickt, mit der wir den Brei anreichern.

»Heute hatte ich drei Paranüsse, das ist wie ein Sechser im Lotto!«, jubelt Emma.

Kristin sieht sie neidisch an und fragt, ob sie vielleicht nicht nett genug gewesen sei und ob sie nicht eine der drei Nüsse bekommen könne.

»Das geht jetzt doch zu weit. Du hast gestern von mir Schokolade bekommen, aber von meinen Nüssen gebe ich garantiert nichts ab«, erwidert Emma mit einem Lächeln.

Gegen neun sind wir für die Etappe dieses Tages bereit. Nachdem wir Zähne geputzt, gepinkelt und die Stiefel zugebunden haben, ziehen wir die obligatorischen Übungen mit Armen und Beinen durch. Wir schwingen sie hin und her. Es ist wichtig, dass der ganze Körper warm wird.

Wir halten auf Tallirujaq zu. Der Schnee ist weich, und je näher wir der Landzunge kommen, desto tiefer sinken wir ein. Es handelt sich zwar nur um fünf Zentimeter, aber das reicht, um den Rhythmus grundlegend ändern zu müssen. Der Atem geht schwerer, und die Hunde können nicht mehr mithelfen. Ich habe in den letzten Tagen mit der Pulka Tango getanzt, jetzt bewege ich mich in einem

Es genügen fünf Zentimeter Schnee, den der Wind noch nicht zusammen- gepresst hat, damit einem die Pulka wie Blei vorkommt.

zähen, frustrierenden Tanz ohne Rhythmus, bei dem sich mein Partner nicht führen lässt. Ich bin wütend auf den Schnee und auf den Wind, der uns frontal ins Gesicht trifft, dem es aber noch nicht gelungen ist, den Schnee, auf dem wir uns bewegen, ausreichend zu komprimieren. Wir beschließen, in einer Kolonne weiterzumarschieren, und wechseln uns mit dem Spuren ab. Emma, die als Erste geht, dreht sich um. Sie ähnelt einer nordischen Gottheit, schön und unbesiegbar. Reif hängt in ihren Wimpern, arktische Mascara.

Die Stunden vergehen langsam, und nichts deutet darauf hin, dass wir uns der Landzunge nähern, bei der wir abends unser Lager aufschlagen wollen. Als die Sonne untergeht und sich die Weite blau verfärbt, befinden wir uns immer noch mitten auf dem Fjord.

»Wir kommen einfach nicht näher!«, ruft Kristin von hinten.

»Von jetzt an müssen wir uns vorstellen, dass uns jeder Schritt fünf Meter weiterbringt!«, rufe ich zurück und versuche ihnen damit Mut zu machen.

Aus Emmas Tagebuch, 18. März:

Ich hätte gern geglaubt, dass das, was Vera sagte, wahr war. Aber die Landzunge schien nie näher zu kommen. Ich beschloss, immer 500 Schritte zu zählen, bevor ich wieder hochschaute. Eigentlich hätte die Landspitze dann näher gekommen sein müssen. Fünfhundert Schritte sind ganz schön viel, ich schaute auf, wahnsinnig gespannt, und war soooo enttäuscht. Kein bisschen waren wir der Landzunge näher gekommen. Ich versuchte, den Abstand zu Kristin, die vor mir ging, nie größer als einen halben Meter werden zu lassen. Irgendwie pushte mich dieses Zählen dann aber doch auf, als würde ich einen Wettkampf mit mir selbst austragen, sowohl mental als auch physisch, einen Kampf, der mich dieser verdammten Landzunge entgegenbrachte. Die Sonne stand sehr niedrig, und es wurde rasch kälter. Ich zählte einige Male bis 500, ehe ich die Skier auf festem Boden ablegen konnte. Ich war wahnsinnig erschöpft und unbeschreiblich müde. Ich hatte kaum noch die Kraft, dabei mitzuhelfen, das Lager aufzuschlagen, und war froh, dass ich nicht damit an der Reihe war, das Abendessen zu kochen. Ich legte mich in den Schnee, um etwas auszuruhen, und schlief erschöpft durch die Strapazen in der Dunkelheit halb ein. Es ist fast schon unbehaglich, so erschöpft zu sein.

Schließlich erreichen wir die Landzunge. In der Dämmerung wuchten wir die Pulkas über die flachen Felsen an Land, einen Schlitten nach dem anderen. Wir reden nicht viel. Das Zelt bauen wir in Zeitlupentempo auf. Der Reif in meinen Haaren kühlt meine Wangen. Ich bin vollkommen zerschlagen und würde mich am liebsten auf einen von der Sonne erwärmten Felsen legen.

Der Powerriegel ist steinhart. Um ihn kauen zu können, muss man ihn tagsüber im BH aufbewahren.

Ich muss etwas aus meinem BH nehmen. Dazu hole ich erst einmal tief Luft und öffne einen Reißverschluss nach dem anderen. Die Kälte kriecht rasch den Hals entlang zu den Brüsten. Ich bin für das Abendessen zuständig und hatte deswegen die Pumpe für die Benzinflaschen den ganzen Tag in meinem BH. Sie muss warm sein. Bei minus vierzig Grad wird Plastik brüchig und Gummidichtungen schrumpfen. Die Pumpe liegt neben den Akkus für die Kameras und den iPod, manchmal auch neben den Blasenpflastern und den Kontaktlinsen. Gelegentlich überkommt mich große Lust, mich selbst dort zu verkriechen.

Nachdem ich alle sieben Thermosflaschen mit heißem Wasser gefüllt habe, schmelze ich Schnee für das warme Essen und bereite für alle ein gefriergetrocknetes Gericht zu. Dann ziehe ich den Reißverschluss des Innenzeltes herunter. Emma und Kristin liegen vollkommen fertig in ihren Schlafsäcken. Kristin schnarcht. Ich kann ihr Gesicht nicht sehen, weil sie ihren Schlafsack vollkommen geschlossen hat. Ich schüttele die beiden Schlafsäcke, und Finger kommen eilig oben zum Vorschein. Zwei Paar müde Augen sehen hilflos zu mir hoch. Beim Anblick der dampfenden Töpfe wird dann allerdings gelächelt. Der Wasserdampf tapeziert das Innenzelt mit Reif. Draußen tanzt das Nordlicht, und wir sind sehr müde.

To all the sexy ladies out there ...

Der Tag dämmert, die Kälte verstopft mir die Nase, verpappt meine Augenlider, betäubt meine Ohren, vereist meine Wangen, lähmt meine Füße und paralysiert meine Gedanken.

Der Wind frischt auf, nachdem die Sonne aufgegangen ist. Unsere Gesichtsmasken sitzen wie angegossen. Die Kälte lähmt uns. Es ist tödlich kalt. Die Kälte kriecht trotz aller Wollschichten überall herein, und ich spüre, wie fest sie mich im Griff hat. Die Fingerspitzen werden sofort gefühllos, selbst wenn ich nur die Skibrille zurechtrücken will, die vereist ist. Das Eis muss weg, und wenn ich nicht gründlich bin, dann ist die Brille wieder genauso vereist, noch ehe ich Emma, die zwanzig Meter Vorsprung hat, eingeholt habe. Aber die Versuchung ist groß, nur ein winziges Guckloch freizukratzen – meine Finger wollen zu gern zurück in den warmen, behaglichen Wollhandschuh.

Kristin macht die Kälte am meisten zu schaffen. An manchen Tagen bleiben ihre Zehen fast gefühllos, und sie muss anhalten, um den Blutkreislauf in Gang zu bringen.

Aus Kristins Tagebuch, 12. März:
Hier auf Baffin ist es saukalt! Wir brauchen stundenlang zum Aufstehen. Die ganze Zeit müssen wir uns die Hände wärmen. Der Wind ist eiskalt, und uns ist auch eiskalt. Ständig müssen wir innehalten,

um wieder warm zu werden. Wir stampfen mit den Füßen und werfen die Beine in die Luft.

Ich habe zu kleine Stiefel. Ist das zu fassen?! Solange Mama das nur nicht erfährt. Damit ist sie mir vor dieser Expedition immer in den Ohren gelegen – dass die Schuhe groß genug sein müssen. Ich hätte es besser wissen müssen, als in diese Situation zu geraten …

Die Tage werden zu Wochen. Die Sonne wärmt tagsüber unsere roten Wangen, aber die Kälte hält uns nachts umklammert.

»Sich jetzt an einen warmen Menschen kuscheln zu können, wie herrlich das wäre«, flüstere ich in die Dunkelheit, als ich zwischen Emma und Kristin schlüpfe.

»Ich will nicht schlafen. Geht das jetzt wirklich 68 Tage so weiter?« Emma friert nachts fürchterlich, und es graut ihr vor jeder weiteren Nacht.

Die Eisklumpen in den Schlafsäcken werden immer größer, und Emma und ich müssen sie mit unserer Körperwärme abschmelzen, bevor es warm genug wird, um einschlafen zu können. Das dauert, ist aber vor allen Dingen auch beunruhigend, denn mit jedem Tag werden die Klumpen größer. Eine nach der anderen kriechen wir in die Schlafsäcke. Ich höre Emma bibbern. Kristin versucht fast panisch so schnell wie möglich in die vier ineinandergelegten Säcke zu kommen. Wir können uns aber auch darüber amüsieren, denn das Schlimmste, was wir uns überhaupt vorstellen können, ist zu frieren, und jetzt befinden wir uns im März auf Baffin Island! Nach einer Weile haben wir es uns alle bequem gemacht. Es wird still. In der kompakten Stille versuche ich mir einzubilden, dass die Eisklumpen ofenwarme Brote sind. Ich befinde mich auf dem Weg in die Welt der Träume, aber erwache davon, dass Emma in der Dunkelheit mit etwas raschelt. Vermutlich mit ihrer Schokoladentüte. Sie hebt sich immer ein paar Stückchen für den Abend auf. Wenn mir das doch auch einmal gelingen würde ...

Aus Emmas Tagebuch, 26. März:
Kalte Nacht im Zelt. Konnte nicht schlafen, lag da und bibberte, klapperte mit den Zähnen. Vera und Kristin schnarchten, ich lag Stunde um Stunde wach. Kroch aus allen Schlafsäcken, um zu pinkeln, die Beine zu bewegen und auf der Stelle zu springen, damit meine Füße und der Körper wieder warm wurden, ehe ich wieder in sämtliche Schlafsäcke kroch. Es dauert Ewigkeiten, bis man wieder hineingefunden hat und alle Reißverschlüsse übereinanderliegen. Ich bekomme davon einen Krampf in den Armen und muss innehalten, um es überhaupt hinzukriegen. Hat man sich wieder eingemummelt, kommt es einem fast klaustrophobisch vor. Schlief vermutlich nur zwei Stunden, fror irgendwie die ganze Nacht und erwachte davon, dass ich zitterte.

Mit Schneebrille und Skibrille ziehen wir nach Nordwest. Unsere Gesichter sind ausdruckslos, wir unterhalten uns murmelnd und heben die Schneebrille nur an, wenn wir Heidelbeercreme trinken oder von einem Powerriegel abbeißen. Emma läuft hundert Meter vor Kristin und mir. Wir befinden uns in einem Packeisfeld. Manchmal verschwindet sie hinter den enormen Eisblöcken. Aber jetzt sehe ich sie deutlich. Sie nimmt das Gurtzeug und die Skier ab und klettert auf einen Eisblock.

»*To all the sexy ladies out there ...*« Ihre Stimme erfüllt die Eiswüste. Ich lache, und Kristin und ich stimmen ein: »*Oh baby, when you talk like that you make a woman go mad. So be wise and keep on reading the sound of my body.*« Wir schwenken wie kolumbianische

Frauen die Hüften, alles gerät unter den vielen Schichten Wolle in Bewegung. Shakira, Beyoncé und Roxette versüßen unser Dasein. Abgesehen davon, dass wir singen und tanzen, ist die Landschaft vollkommen still.

Zweifel verwandelt sich in Stärke

Das Team bedeutet alles. Allein bin ich stark, aber gemeinsam sind wir unbesiegbar. Die Gruppe muss funktionieren, doch gelegentlich kommen uns allen Zweifel an unserer gemeinsamen Stärke.

Aus Kristins Tagebuch:

Im Moment geht es uns dreien zusammen richtig gut, und so ist es im Großen und Ganzen meistens. Trotzdem fühle ich mich außen vor. Die Schwedinnen sind sehr schwedisch, und es hat den Anschein, als wollten sie die starken Bande, die zwischen ihnen bestehen, ständig betonen. Als hätte ich das nicht schon längst kapiert.

Aus Emmas Tagebuch:

Gute Stimmung in der Gruppe, viel besser, als ich nach Oslo je zu hoffen gewagt hätte, wo alle gestresst, mehr oder weniger sauer und zugeknöpft waren. Vermutlich war es damals die allgemeine Angespanntheit und die Tatsache, dass Ingebjørg nicht mitkommen würde. Die ganze Logistik und Organisation. Schließlich war es nicht das, womit wir uns beschäftigen wollten, sondern das hier. Jetzt kommt mir alles vor wie positive Vibes. Habe das Gefühl, dass wir alle sehr viel darüber nachgedacht haben, wie es wird, wenn wir nur zu dritt sind, aber einstweilen ist es einfach super.

Im Packeis müssen wir nahe beieinander bleiben und ständig Ausschau halten.

Emma und Kristin, zwei großartige Freundinnen

Ich schreibe in mein Tagebuch:

In Oslo bezweifelten wir gelegentlich, dass wir Spaß haben würden, wenn nur Kristin, Emma und ich fahren würden. Uns beschlich die Ahnung, dass das vielleicht die schlechteste Dreierkombination aus den Baffin Babes wäre. Wir hatten Angst. Neid auf die Beziehung der anderen war Grund für diese Angst. Für Kristin ging es auch darum, mit zwei Schwestern, die eine enge Beziehung verbindet, unterwegs zu sein. Ich finde aber, dass es hier draußen ganz ausgezeichnet funktioniert. Natürlich bin ich gelegentlich neidisch, wenn Kristin und Emma über etwas lachen und sich Geschichten erzählen, und auf ihren gemeinsamen Raum, wo kein Platz für mich ist. Aber dann muss ich mich einfach zusammennehmen und froh sein, dass ich mit ihnen zusammen bin, und das funktioniert in der Regel auch. Wir drei sind in der Tat ein super Team.

Der feinkörnige Schnee wirbelt im Wind auf, er ist rau, trocken, hart und gleichzeitig leicht. Der aufgewirbelte Schnee ist wie massiver Beton und unberührt von Menschenhand. Die Einöde ist seltsam vollkommen. Wenn der Wind nachlässt, wird es überwältigend still. Ich denke nach, lasse Ereignisse aus meinem Leben Revue passieren und verarbeite sie. Ich sortiere meine Erinnerungen – ich sehe deutlich, welche Begegnungen und Ereignisse mich inspiriert und zu der gemacht haben, die ich heute bin.

Zwei Menschen, die mich stark beeinflusst haben, sind Emma und Kristin. Ich hatte immer eine enge und innige Beziehung zu Emma, eine Beziehung, die allem widerstehen kann. Bei ihr suche ich Trost, von ihr fühle ich mich immer verstanden. Die Beziehung zu Kristin ist intensiv und impulsiv mit Höhen, Tiefen, wie Feuer und Wasser und wie eine zärtliche, inspirierende Liebe. Ich bin in der Gesellschaft der beiden glücklich – sie lassen mich regelrecht abheben.

Nomaden

Heute Abend kocht Kristin. Sobald wir das Zelt aufgebaut haben, kriecht sie ins Vorzelt und hebt dort eine Grube aus. Diesmal hat die Arbeitsfläche die perfekte Höhe. Davor, in optimaler Mittelhöhe, kann man tanzen, sich frei bewegen, und alles, was man braucht, bekommt man mit einem Griff zu fassen. Emma und ich verspannen weiter das Zelt und vergraben für Buck und Anu je einen Schneeanker auf beiden Seiten. Anschließend legen wir Isomatten, persönliche Taschen, Erste-Hilfe-Ausrüstung, Reparaturkasten, die Mappe mit den Landkarten und Toilettenpapier ins Zelt. Ehe wir in das Innenzelt kriechen, bauen wir die Sturmküche, Lebensmittel und Thermosflaschen für Kristin auf, füttern die Hunde und legen Anu, die einen schlechteren Pelz hat als Buck, wie jeden Abend einen Rucksack als »Matratze« hin.

Wie eine Nomadenfamilie verlegen wir unseren Wohnort. Jeden Tag genießen wir eine neue Aussicht von unserem Palast aus und jede Nacht andere Unebenheiten unter unseren Isomatten. Gleich-

Stück für Stück arbeiten wir uns durch diese wunderbare Eislandschaft.

In dieser unendlichen Weite fühlen wir uns klein.

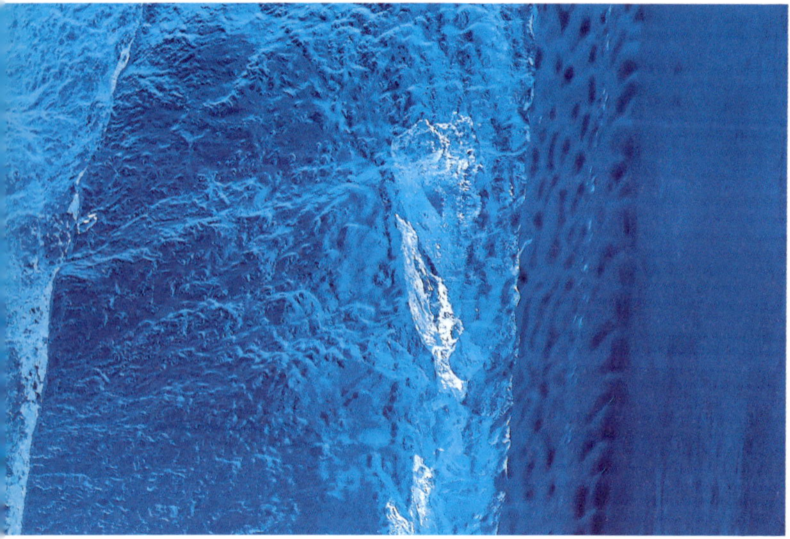

Das Eis ähnelt Glas.

Wir errichten das Zelt in der Abendsonne, und Buck wartet auf die einzige Mahlzeit des Tages.

zeitig ist es aber auch irgendwie traurig. Wir lagern jeden Abend an einem Ort, an den wir mit allergrößter Wahrscheinlichkeit nie mehr zurückkehren werden. Das bedeutet auch, dass wir offen sein, mit allen unseren Sinnen ständig zugegen sein müssen.

Heute erreichen wir einen Wendepunkt, nach Norden sehen wir, dass das Meereis seinen Charakter verändert hat. Es erinnert an eine Felslandschaft. Eisschollen sind miteinander kollidiert und haben sich übereinandergeschoben. Die Gegend, die wir morgen durchqueren müssen, wird von Eismauern und meterhohen Eistürmen geprägt. Wir freuen uns darauf.

Gewehr laden!

»Ein Eisbär! Ein Eisbär! Emma, Kristin! Ein Eisbär!«

Ich schreie. Kristin und Emma verlassen schlaftrunken das Zelt. Auf dem Packeis sind zwei Eisbären, ein Weibchen mit seinem einjährigen Jungen. Es ist früher Morgen, und ich belade gerade eine

Jeden Tag treffen wir auf frische Bärenspuren.

Pulka. Bisher haben wir immer an Land gezeltet. Wir versuchen unsere Schlitten in der Regel zehn bis zwanzig Meter oberhalb des Meeres zu ziehen und unser Lager dort aufzuschlagen, um einen Überblick zu haben.

Die Eisbären bewegen sich rasch in unsere Richtung, verschwinden hinter einem Eisblock und tauchen wieder auf. Mein Herz klopft. Die ganze Zeit sind sie auf der Jagd. In nur einem Monat wird die Ringelrobbe ihre Jungen auf dem Eis säugen, und dann können die Eisbären richtig Beute machen. Aber das ist erst in einem Monat.

Emma setzt ihre Kontaktlinsen jeden Morgen mithilfe des Kompassspiegels ein.

Ich bin schon vielen Eisbären begegnet, ihre Größe fasziniert mich jedoch immer wieder. Jede Begegnung ist einzigartig. Alle Tiere besitzen eine eigene Persönlichkeit.

Anu und Buck haben die Witterung noch nicht aufgenommen und liegen, festgebunden an den Schneeankern, auf beiden Seiten des Zeltes. Wir bleiben einfach auf dem Felsabsatz stehen und genießen eine Weile den Anblick der Eisbären, die über das Packeis wandern. Der Abstand zu ihnen bleibt groß genug, sodass wir weder laut schreien noch die Signalpistolen verwenden müssen, um sie zu verjagen.

Als wir wenig später unseren Tagesmarsch beginnen, trage ich ein Gewehr auf dem Rücken, und wir haben alle drei eine Signalpistole in der Hosentasche. Wir sind aufmerksamer als sonst. Das ist nötig. In dieser Eislandschaft ist die Sicht schlecht, und wir müssen die Pulkas über riesige Eisblöcke hinwegwuchten. Buck und Anu lassen wir von der Leine. Falls ein Eisbär auftauchen sollte, könnte er innerhalb kürzester Zeit bis auf wenige Meter an uns herankommen. Das haben Kristin und ich leider schon einmal auf Spitzbergen erlebt. Ich singe also laut vor mich hin, um zu zeigen, dass wir hier sind.

Ausschau haltend bleiben wir dicht beieinander. Plötzlich entdecken wir frische Spuren. Ich schnalle die Skier ab und setze einen Fuß in den Abdruck der Tatzen. Obwohl ich drei Paar Wollsocken und einen Wollpantoffel im Skistiefel trage, verschwindet mein Fuß darin. Wir laufen weiter, bleiben aber noch dichter zusammen.

»Eisbär!«, ruft Kristin.

Wir bleiben stehen. Durchs Fernglas sehen wir einen Eisbären nach Westen, Richtung offenes Meer, wandern. Ich lade das Gewehr durch und kontrolliere Verschluss und Munition. Der Eisbär wirkt nicht sonderlich interessiert, bewegt sich aber mit energischen Schritten parallel zu uns. Dann dreht er plötzlich direkt in unsere Richtung ab. Obwohl er sehr langsam dahinzutrotten scheint, geht es sehr schnell. Innerhalb kürzester Zeit ist er nur noch knapp hundert Meter von uns entfernt.

»Wie nahe wollen wir ihn heranlassen? Wann sollen wir einen Warnschuss abfeuern?«, frage ich Kristin.

Wir wissen beide, dass ein Eisbär, der fünfzig Meter entfernt ist, nach wenigen Sprüngen über einen herfallen kann. Genau diese Situation haben wir uns immer wieder vorgestellt. Jetzt stehen wir hier, und sie ist Wirklichkeit. Der Eisbär bleibt stehen und stellt sich auf die Hinterbeine. Er hat unsere Witterung aufgenommen und ist neugierig, wer wir sind. Alles, was sich hier draußen bewegt, stellt für ihn eine potenzielle Nahrungsquelle dar, auch Menschen. Er macht ein paar vorsichtige Schritte in unsere Richtung. Mein Herz rast. Dann dreht er sich plötzlich um und läuft in die entgegengesetzte Richtung.

Wir bleiben reglos stehen und schauen ihm nach.

Herausforderung Kälte
EMMA

Wir wachsen mit der Zeit und unserer Umgebung.
Jedes neue Lager ist ein vorübergehendes Zuhause,
alle unsere Sinne öffnen sich der wunderbaren, veränderlichen Landschaft, die uns umgibt. Die Kälte
hält uns immer noch ständig fest im Griff, aber
während der einsamen Tage auf dem Eis ist auch
menschliche Wärme zu spüren.

Zwei Schüsse

Zielstrebig befreie ich mich aus meinen Schlafsäcken, verlasse das Zelt, greife mir das Gewehr, lade durch und: Peng! Dann lade ich nach, ziele leicht nach rechts auf den anderen Fuß, drücke ab und: Peng! Blutig liegen beide Füße im weißen Schnee – ein schöner Schmerz. Vielleicht brutal, aber in meinem Traum: *pure satisfaction!* Aus dem Blut wachsen zwei schöne, neue, außerordentlich brauchbare Füße.

Seit fast zwei Wochen sind wir jetzt unterwegs und verlängern unsere Tage, da die Sonne länger am Himmel steht. Die Tagesmärsche dauern jetzt acht Stunden. Acht schmerzhafte Stunden, die Füße in die Skistiefel gepflanzt. Ich bin mit missgebildeten Füßen zur Welt gekommen. Die Zehen sind schief – sie liegen, selbst wenn sie den ganzen Zeltpalast für sich haben, übereinander. Doppelte Knöchel, drei Nägel am kleinen Zeh und ständige Blasen, ganz egal, ob meine Schuhe eingelaufen sind oder nicht. Wenn Vera und ich uns früher stritten – was schon mal vorkam, als wir noch

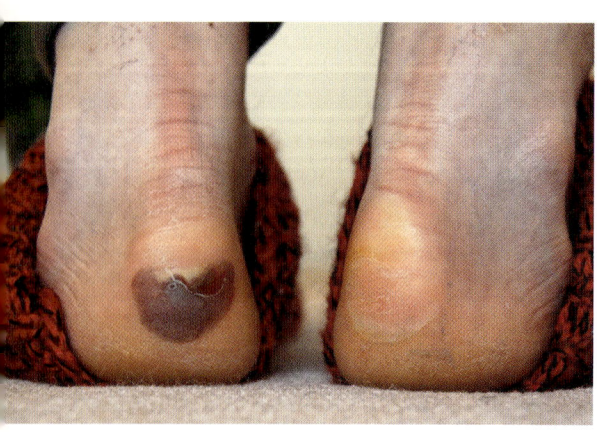

Ich habe vom ersten Tag an blutige Blasen an den Fersen.

klein waren –, sagte sie immer, dass ich später mit meinen hässlichen Füßen alle Männer in die Flucht schlagen würde. Es ist mir ziemlich egal, wie sie aussehen, aber ich muss allmählich eingestehen, dass sie in der Tat Schwächen besitzen.

»Kris, wie viel würdest du für ein Paar neue auf den Tisch legen?«

»Zweihunderttausend«, antwortet Kristin hinter mir, die ebenfalls gewisse Probleme mit den Füßen hat.

Zum ersten Mal überqueren wir auf Skiern Land. Bergauf nehmen die Fußschmerzen noch zu. Mit jedem Tag, der vergeht, würden wir für ein Paar neue Füße mehr Geld ausgeben.

Zum ersten Mal an Land

Am 22. März erreichen wir die Henry Kater Peninsula. Es ist ein besonderes Gefühl, das Meereis hinter sich zu lassen und stattdessen den Blick über Festland und Hänge schweifen zu lassen. Am Ende der Halbinsel stehen ein Kreuz und ein eingeschneiter Schuppen.

Wir verlassen das Meereis und stoßen bei unserer ersten Landquerung auf eine Steinlandschaft.

Während Isa und James lässig draußen in der Kälte warten …

… kontrollieren wir vor unserem Ausflug in die eisige Nacht, dass Daunenhosen und -jacken jede Stelle am Körper bedecken.

Der Wind heult. Er fegt den Schnee heran, der noch nicht zusammengepresst in Schneewehen liegt, und treibt ihn vorbei.

»Liegt das nur an mir, oder kommt euch hier auch was unheimlich vor?«

Vera und Kristin nicken. Dieser Ort ist unheimlich. Fühlen wir uns etwas unbehaglich, weil wir heute drei Eisbären begegnet sind und weil wir das Meereis, das in letzter Zeit unser Zuhause war, verlassen haben? Es dunkelt bereits, als wir unser Zelt aufschlagen, und zum ersten Mal beschließen wir für den Fall, dass wir im Laufe der Nacht unerwarteten Besuch erhalten, die Stolperdrähte zu installieren – was bei der Kälte und im Dunkeln gar nicht einfach ist.

Endlich können wir es uns in den Schlafsäcken bequem machen. Ich lausche auf die Geräusche vor der Zeltwand. Vera hält Eisbärenwache, und ich bin froh, nicht ganz allein hier zu liegen.

»Hört ihr das?«, fragt Kristin, als ich gerade dabei bin einzuschlafen.

Ich breche in lautes Gelächter aus, so sicher bin ich, dass sie versucht, uns einen Schrecken einzujagen. Die Begegnungen mit den Eisbären haben ihre Spuren hinterlassen.

»Ganz ehrlich, hört ihr das nicht? Ein Schneescooter?«

In null Komma nichts ziehen wir Daunenhose und -jacke an und verlassen das Zelt.

»What are you doing out here?«

Zwei Männer Anfang vierzig klettern von einem Schneescooter und schauen uns erstaunt an. Ich sehe zu Kristin und Vera, ihre Augen strahlen vor Glück. Zum ersten Mal wieder Gesellschaft, seit wir uns von Gary und Billy in der Home Bay getrennt haben! Genau das, was wir jetzt brauchen. Unter dem klaren Sternenhimmel unterhalten wir uns über alles mögliche, bis die beiden zum verschneiten Schuppen auf der Spitze der Halbinsel weiterziehen.

In Pelzmützen sehen Nick, Vera und ich fast gleich aus, aber die Gründe für unsere Reise sind sehr verschieden.

Sofern wir sie richtig verstehen, wollen Isa und James einem reichen Typen aus Russland helfen, den ersten Eisbären zu erlegen.

Die Nacht ist klar, und das Nordlicht tanzt über das Himmelsgewölbe. Draußen ist es saukalt, aber Isa und James rauchen ganz entspannt ohne Handschuhe. Wir hingegen haben wie immer sämtliche warme Sachen an, »the big fat American look« ist unser Standardaufzug, sobald wir stillstehen.

In dieser Nacht schlafe ich gut, irgendwie fühlt man sich sicherer, wenn andere in der Nähe sind.

Ein richtiger Mann zum Breifrühstück

Beim Morgenbrei am nächsten Tag bekommen wir Besuch von Nick, »the sporthunter«. Wir hatten uns einen reichen, dicklichen Russen mit Goldzähnen vorgestellt, aber nun zeigt sich, dass Nick in Wirklichkeit ein knackiger Typ aus Österreich ist, dem seine Freunde die Eisbärenjagd zum Dreißigsten geschenkt haben.

»*I want one as big as your tent*«, sagt er lächelnd.

»*You mean our palace?*«, antworten wir wie aus einem Mund.

Es kommt uns dubios vor, dass er nur hier ist, um einen Eisbären zu schießen. Warum reicht es nicht, den Eisbären in seinem wahren Element einfach nur zu betrachten? Jedes Dorf darf im Laufe des Frühjahrs und des Herbstes eine bestimmte Anzahl Eisbären schießen, und einen kleinen Teil dieser Quote können die Dorfbewohner an Jäger aus dem Ausland weiterverkaufen. Während die Inuit mit dem Motorschlitten jagen, ist es für die Sportjäger nur auf traditionelle Art mit dem Hundegespann erlaubt. Ich kann nicht begreifen, dass Leute eine vom Aussterben bedrohte Tierart wie die Eisbären zum Zeitvertreib jagen. Einfach nur um das Fell als Trophäe mit nach Hause nehmen und angeben zu können. So ein Machoschwachsinn! Andererseits stellt die Jagd eine bedeutende Einnahmequelle für die in den Dörfern lebenden Inuit dar, denn dort bieten sich ihnen kaum Möglichkeiten zum Geldverdienen. Ein Sportjäger zahlt etwa 30 000 kanadische Dollar, um einen Eisbären erlegen zu dürfen.

Gegen neun Uhr verabschieden wir uns und spannen die Skier an. Im Stillen hoffe ich, dass Nick keinen Eisbären erwischen wird.

Die Strecke, die wir uns für diesen Tag vorgenommen haben, ist schneefrei, was uns ein wenig Sorgen bereitet. Wahrscheinlich ist Geröll in den nächsten Tagen unser ständiger Begleiter.

Fußphantasien und ein beunruhigender Lichtschein

»Emma, ich hatte letzte Nacht einen phantastischen Traum! Ich habe mir mit einem Käsehobel alles, was weh tut, von den Füßen gehobelt. Jetzt kann ich an nichts anderes mehr denken.«

Es ist unser dritter Tag auf dem Festland, und es geht ständig bergauf. Meine Füße schmerzen mehr als je zuvor, und im Laufe des Nachmittags verwandeln sich Kristins und meine Fußträume in schöne Phantasien, die sich wie ein Film im Nonstop-Kino ständig wiederholen.

Wir stoßen auf große Geröllfelder, die uns zu Umwegen zwingen. Die Pulkas sind immer noch schwer und verkeilen sich zwischen den Felsblöcken. Das ständige Auf und Ab an den Hängen spüren wir in den Oberschenkeln. Obwohl die Sonne scheint, haben wir das Gefühl, es würde schneien, weil uns der Wind Schneekörner ins Gesicht weht. Zeitweilig wird die Sicht schlecht. Sowohl Pulkas als auch Skier bekommen einiges ab. Sie zerkratzen. Der Wind kommt geradewegs auf uns zu, dringt unter die Kapuze des Anoraks und drückt die kalte Luft bis in den Nacken. Die Gesichtsmaske und die Kapuzenmütze aus Wolle beschützt unsere Gesichter vor der Kälte. Die eingeatmete Luft ist eiskalt und brennt in der Luftröhre. In der Kapuze entsteht eine eigene kleine Welt, wenn man sie so gut wie überhaupt möglich zugebunden hat.

Versunken in unseren Gedanken streben wir dem höchsten Punkt zu. Gelegentlich müssen wir einige unnötige Höhenmeter bewältigen, weil uns kleine Bachschluchten den Weg versperren. Rauf, runter, runter, rauf. Ich drehe mich um und sehe, dass Kristin stehen geblieben ist – im Elvis-Stil schwenkt sie die Arme, damit die Blutzirkulation in den Fingern wieder in Gang kommt. Vera und ich nutzen die Wartezeit, um etwas Schokolade zu essen. Ich muss pinkeln und denke darüber nach, was unangenehmer ist: Wind von vorne oder von hinten. Mit vier Paar Handschuhen gelingt es mir nicht, den Reißverschluss meiner Hose zu öffnen, und ich muss ein Paar ausziehen. Rasch in die Hocke, dann rasch die Hose wieder hochziehen. Bei dieser Kälte werden die Finger innerhalb

Bei minus vierzig Grad müssen wir ständig mit den Beinen austreten, damit das warme Blut auch in die Zehen fließt.

Die zugefrorenen Seen bilden eine kunstvolle Kulisse.

von Sekunden starr, obwohl sie noch von drei Paar Fingerhand-schuhen geschützt werden. Die Motorik ist schlecht, die Finger wollen nicht gehorchen, und mein Hintern ist eiskalt, als ich den Reißverschluss endlich wieder hochgezogen habe. Ich renne ein paarmal um die Pulka herum und schwenke die Arme, damit mir wieder warm wird.

Kristin holt uns ein. Bei einer Tasse heißer Heidelbeercreme tauen wir langsam wieder auf. Alle Pausen fallen an diesem Tag kurz aus. Bei dem Wind und der Kälte ist es uns viel zu kalt, um lange stillzustehen.

Am 25. März schlagen wir am höchsten Punkt der Henry Kater Peninsula unser Lager auf. Der Wind schwächt ab. Die Aussicht ist atemberaubend: Im Osten das zugefrorene Meer und die sich auftürmenden Eisberge, im Westen majestätische Gletscher und Berge. Ein spektakulärer Blick in alle Richtungen. Auf einem Gipfel mit einer Rundumsicht von 360 Grad zu stehen ist etwas ganz Besonderes. Nichts stellt sich der Unendlichkeit in den Weg. Man kann alle Gedanken zu Ende denken. Es gibt keine Grenzen.

Ein letzter Gruß an die Sonne vor Einbruch der Dunkelheit

Am 25. März erreichen wir den höchsten Punkt der Henry Kater Peninsula.

»Du lieber Himmel!«

Ich stehe vor dem Zelt und mache Dehnungsübungen, da bemerke ich einen starken Lichtschein aus seinem Inneren. Flammen lecken an dem dünnen Zelttuch, und ich sehe bereits vor mir, wie der ganze Palast in Sekundenschnelle in Flammen aufgeht. Da saust der brennende Kocher durch die Zeltöffnung – Kristin, die mit dem Kochen dran ist, hat rasch reagiert.

»Das war knapp, Emma«, stößt sie leicht schockiert hervor, als sie aus dem Zelt schaut.

Entweder war die Brennstoffpumpe nicht gut genug zugeschraubt, oder es war zu kalt, und die Dichtung ist geschrumpft und hat so das Leck verursacht. Glücklicherweise hat das Zelt nicht Feuer gefangen. Sehr erleichtert setzen wir uns zum Abendessen.

Rechtzeitig Hilfe suchen

Ich bin nicht abergläubisch, aber in den letzten Tagen habe ich das Gefühl, dass du kalte Hände und Füße hast, Kristin. Und jetzt habe ich es gelesen: Du sollst rechtzeitig Hilfe suchen!

Kristins Mutter hat eine besorgte SMS an unser Satellitentelefon geschickt, offenbar weiß sie, dass die Kälte anhält. Sie hat in unserem letzten Blog gelesen, dass Vera und Kristin Mühe mit der Eiseskälte haben. Ihre Sorge ist berechtigt. Es ist immer noch sehr frostig. Und zwar ständig. Tag und Nacht. Man muss sich wahnsinnig konzentrieren, damit die Kälte nicht irgendwo Erfrierungen verursacht.

»Könnt ihr anhalten? Ich spüre meine Zehen nicht mehr!«, ruft Kristin hinter mir. Wir stehen erst seit fünf Minuten auf Skiern. Bevor wir aufgebrochen sind, haben wir mit jedem Fuß die obligatorischen Tritte in die Luft gemacht. Trotzdem friert Kristin fürchterlich. Wir sind uns vollkommen einig darüber, dass wir jederzeit anhalten, falls es einer von uns kalt wird und ihr wieder warm werden muss. Man soll nie das Gefühl haben müssen, dass man im Weg ist oder das Team aufhält. Priorität Nummer eins ist, dass wir uns keine Erfrierungen zuziehen. An manchen Tagen halten wir ständig an.

Aus Kristins Tagebuch, 26. März:
Das hier muss der kälteste Tag sein. Oh, là là, freezing! Schon am Morgen war mir eiskalt, und ich bekam kein Gefühl in den Händen. Ich glaube, die anderen nervt es, dass ich beim Zusammenpacken zu wenig half. Das verstehe ich gut. Aber mit diesen Eiszapfenfingern hatte ich keine Chance, überhaupt etwas auszurichten. Ärgerlich, dass es so ist. Ich glaube, dass wir alle leichte Erfrierungen an Fin-

gern und Zehen haben. Nachts tut es weh. Eine Art drückender Schmerz. Aber von außen ist nichts zu sehen, und ich glaube nicht, dass es so schlimm ist. Trotzdem ist es widerlich, wenn man das Gefühl in den Finger- und Zehenspitzen verliert.

Am 26. März schreibe ich in mein Tagebuch:
Draußen wehten starke Winde, als ich erwachte. Das Zelttuch hatte die ganze Nacht geflattert und geschlagen und mich nicht schlafen lassen. Ich habe auch früher schon gefroren, aber heute muss der kälteste Tag überhaupt gewesen sein. Der Wind macht die Kälte noch schlimmer. Ich weiß nicht, wie viel Grad es sind, da unser Thermometer am ersten Tag kaputtging. Als ich draußen beim Pinkeln war, hatte ich plötzlich Eiszapfen an den Schamhaaren. Dann ist es wirklich verdammt kalt! Die Outdoor-Machos können einpacken. Es ist einfach, so unverfroren zu sein, wenn man ihn einfach rausholen kann. Wir müssen ja alles runterziehen!

Meine Hände schwellen an, und ich habe das Gefühl, sie würden gleich explodieren. Jede Nacht wache ich etwa zehn Mal auf, weil sie voll-

Jede Nacht muss ich zum Pinkeln nach draußen in die Kälte. Es ist ein Kampf, sich von allen Schlafsäcken zu befreien und aus dem Zelt zu klettern.

kommen gefühllos geworden sind. Zwei Reißverschlüsse des Zeltes gehen von der Kälte kaputt, die Kabel der Solarzellen brechen ab, und der Stoff der wasserdichten Packsäcke hat große Löcher. Alles Material verändert sich, wenn es so kalt ist, es wird spröde und zerbrechlich. Das gilt auch für unsere Fingerspitzen – die Haut platzt auf.

Der BH ist der perfekte Ort für Dinge, die unbedingt warm bleiben müssen. Er ist eine richtige Schatzkiste. Aber alles findet dort keinen Platz, und diese Gegenstände frieren dann sofort. Das Öl ist gefroren, die Zahncreme in der Tube ebenso, und jeden Morgen ist es ein Kampf, die Sonnencreme aufzutragen. Überall ist Eis. Im Schlafsack, im Zelt, in den Schuhen, in der Kapuzenmütze, im Haar. Jeden Morgen werden die Wimpern weiß von Reif. Trotzdem finde ich, dass alles besser geht als erwartet. Die Kälte fürchten wir am meisten. Doch jetzt befinden wir uns in ihr, leben mit ihr. Sie ist unser Alltag, wir müssen sie einfach akzeptieren, sie darf nicht die Oberhand gewinnen, sie selbst muss uns lehren, mit ihr umzugehen.

Wir genießen den Sonnenuntergang über der Isabella Bay. Da morgen Ruhetag ist, bleiben wir lange wach.

Zweiter Ruhetag der Expedition

Wir folgen einem Flusstal und gleiten den eisbedeckten Fluss hinunter, der sich auf die Isabella Bay zuschlängelt. Im Laufe der Nacht ist ein wenig feinkörniger Schnee gefallen, eine dünne weiße Schicht breitet sich überall aus, und die Landschaft liegt funkelnd und unberührt da. Ich versuche die Skier leicht dahingleiten zu lassen, um keine Spur in der schönen Oberfläche zu hinterlassen. Mit den 100 Kilo, die ich hinter mir herziehe, ist das eine unmögliche Aufgabe. Unsere Spuren werden zwar rasch von den Kräften der Natur wieder verwischt, aber die Eindrücke, die ich auf dem Weg sammle, hallen noch lange in mir wider.

Die Isabella Bay heißt uns mit einem phantastischen Licht willkommen. Wolkenschleier tanzen den Fjord entlang und die Berghänge hinauf, öffnen sich und schließen sich wieder. Wenn es ihnen gefällt, geben sie uns den Blick frei. Nach sieben Kilometern über das Eis des Fjordes schlagen wir auf Aulitiving Island auf einer kleinen Anhöhe mit wunderbarer Aussicht unser Lager auf.

Am nächsten Morgen erwachen wir, und der geplante Ruhetag bricht an. Ich liege in meinem Schlafsack, erinnere mich an die Träume der Nacht und verspeise den Frühstücksbrei in der Horizontalen. Die Sonne scheint, und als waschechte Sonnengöttinnen, die wir sind, heben wir rasch eine Grube im Schnee als eine Art tiefer gelegte Sonnenterrasse aus. Aus Schneeblöcken errichten wir einen Windschutz und zaubern uns eine super Sonnenbank im perfekten Winkel zur Sonne. In unseren Daunensachen und mit einem Schlafsack als Decke genießen wir die Aussicht und den Umstand, endlich die Füße ausruhen zu können. Gedanken und Eindrücke können jetzt, wo wir zur Ruhe gekommen sind, verarbeitet werden. Wir würfeln ein paar Runden Yatzy, reparieren die

Ein klassischer Babe-Ruhetag. Wir lassen es gemütlich angehen und gönnen unseren Füßen eine erholsame Pause.

Wir sind faul und sonnen uns stundenlang.

Solarzellen und stopfen die Löcher in den Handschuhen. Dann hören wir uns die Songs an, die die jeweils anderen auf ihren iPods haben. Wenig später tanzen wir schon. Wir üben Stagediving von einem Felsen, und wir bewegen uns zu den Klängen von Shakira und Missy Elliott, bis uns warm ist. Ekstatisch! Ein klassischer Babe-Ruhetag.

Bevor wir abends zu Bett gehen, schicken wir Ingebjørg per Satellitentelefon eine Mail. Sie antwortet, dass sie immer noch müde und erschöpft ist und nicht so viel trainieren konnte, wie sie gehofft hatte. Sie kann nicht versprechen, dass sie für die zweite Etappe *fit for fight* ist. »Soll ich trotzdem kommen?«, beendet sie ihre Mail. Für uns ist das keine Frage. Sie soll herkommen. Punkt. Auch wenn wir sie in einer Pulka hinter uns herziehen müssen! »Besorg dir ein Ticket und komm!«, mailen wir ihr zurück. Dann schicken wir ihr noch eine lange Besorgungsliste: Nüsse und Dörrobst für fünfzig Tage, neue Stirnlampen, neue wasserdichte Packsäcke und eventuell ein neuer Schlafsack für Vera.

»Für Ingebjørg ist es vermutlich ziemlich anstrengend, unsere persönliche Assistentin zu sein«, meint Vera nachdenklich.

Eigentlich hätte sie ja hier bei uns sein sollen. Wir können uns ihre Frustration vorstellen, nicht dabei zu sein und außerdem noch für uns Mädchen für alles spielen zu müssen. Wir rechnen jedoch damit, dass sie damit umgehen kann. Sie ist im Team diejenige, die richtig zupacken kann. Energisch und mit der Gabe, Dinge wirklich vom Tisch zu bekommen.

»Emma, ich mache mir wegen der Nüsse und dem Dörrobst Sorgen. Du weißt doch, wie Ingebjørg ist. Sie ist durch und durch norwegisch, und du weißt ja, wie es mit der norwegischen Küche aussieht. Stell dir vor, sie denkt, dass mit Nüssen und Dörrobst nur Haselnüsse und Rosinen gemeint sind.«

Kristin hat in ihrem Schlafsack noch einmal nachgedacht. Wir haben das Telefon bereits wieder weggepackt, kommen aber rasch zu dem Schluss, dass sich die Sache zu einer ernsthaften Krise auswachsen könnte, und schicken deshalb eine weitere Mail: »Inga: Kauf im Bulk Barn in Ottawa ein. Nimm dir ein Taxi und kauf Paranüsse, getrocknete Preiselbeeren, Walnüsse, Sultaninen, Korinthen, Mandeln, getrocknete Aprikosen. Viel und vielfältig! *Love you.*«

Aus Ingebjørgs Tagebuch, 28. März:
Anfang März hatte ich keinerlei Motivation mehr, mich um Baffin zu kümmern. Ich wurde sauer, regelrecht übellaunig, weil die Mädels ständig neue Listen schickten, was ich beschaffen und organisieren sollte. Das kam mir wie eine doppelte Bestrafung vor. Ich konnte nicht nur bei der Expedition nicht dabei sein, ich musste noch dazu mit diesen bescheuerten endlosen Vorbereitungen weitermachen. Es macht immer noch keinen Spaß, am Computer zu sitzen oder irgendwo anzurufen, um Geld oder einen neuen Schlafsack zu beschaffen, aber jetzt sehe ich die Sache in einem etwas freundlicheren Licht. Bald ist die Sklavenzeit hier zu Hause vorbei. Jetzt breche auch ich auf!

Benzingetränkte Slips

Wir ziehen in unserem eigenen Takt weiter. Alles hat seine Ordnung: Kochen, Eisbärenwache, Zeltaufbauen, aber die meiste Zeit lassen wir uns von Zeit und Landschaft weitertreiben. In unserem eigenen Rhythmus. Es gelingt uns, ihn zu synchronisieren, ohne große Worte zu verlieren. Wir werden auf einer gemeinsamen

Wenn der Wind nachlässt, ist das Geräusch der Skier auf dem eisigen Schnee das Einzige, was wir hören.

Welle durch diese wunderbare, vielfältige Landschaft getragen. Gelegentlich gehen wir in Gedanken versunken jede für sich, dann wieder nebeneinander und reden über alles Mögliche. Wir halten an, wenn es uns richtig erscheint, und trinken heiße Heidelbeercreme, die uns wieder Kraft gibt. Das alles hat mit Disziplin und Stress nichts zu tun. Wir sind hier, um unsere Tour zu genießen,

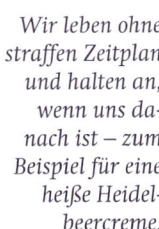

Wir leben ohne straffen Zeitplan und halten an, wenn uns danach ist – zum Beispiel für eine heiße Heidelbeercreme.

und das tun wir ausgiebig. Oft werde ich von einer enormen Liebe zu Vera und Kristin erfüllt – ich empfinde sie regelrecht physisch, im ganzen Körper, bis in die Seele hinein. Wärme.

Da nur noch eine der Stirnlampen funktioniert, rappeln wir uns morgens immer früher auf, um acht Stunden auf Skiern stehen und das Lager anschließend noch bei Tageslicht aufschlagen zu können. Das Akkuladegerät, das man an die Solarzellen anschließt, ist hinüber, und die Kabel zur Lampe haben einen Wackelkontakt. Beunruhigend, da es immer noch zehn Stunden am Tag stockdunkel ist. Falls mitten in der Nacht ein Eisbär auftaucht, müssen wir sehen können, was wir tun.

»Riecht es nicht nach Benzin?«

Vera geht hinter mir her. Gemeinsam wuchten wir die Pulkas auf der Suche nach dem perfekten Lagerplatz eine Anhöhe hinauf.

»Scheiße!«

Innerhalb weniger Sekunden zerren wir den gesamten Inhalt aus einer der Pulkas. Auf dem Schlittenboden badet die Ausrüstung in mehreren Litern Benzin. Schlecht gelaunt und frustriert nimmt Vera alles aus ihrer persönlichen Tasche. Die wollenen Unterhosen, Handschuhe, der

Nach dem Auslaufen des Benzins haben wir Veras Kleider zum Trocknen aufgehängt.

Wollpullover, alles tropft. Kristin, die gestern die Benzinflaschen aufgefüllt hat, hat einen Verschluss nicht richtig zugedreht. Das passiert leicht und ist eigentlich auch keine Katastrophe. Wir errichten aus Skistöcken und einem Seil eine Wäscheleine und hängen alles zum Trocknen auf. Benzin verdampft relativ schnell, aber Veras Kleider werden vermutlich nach Benzin stinken, bis wir in Clyde River eintreffen.

Volle Action in der Eiswüste

»There is a man in the tent, right?«

Als suche er etwas, hat Esa lange über unsere Schultern hinweg zum Zelt geschaut. Schließlich nimmt er seinen Mut zusammen und fragt. Er scheint überrascht zu sein, in der Eiswüste auf nur drei Frauen zu treffen. Obwohl wir beteuern, dass wir allein sind, glaubt er uns erst, als er sich mit eigenen Augen davon überzeugt hat, dass das Zelt leer ist.

Esa ist bereits der sechste Eisbärenjäger, dem wir an diesem Tag begegnen. Ab morgen, dem 1. April, ist die Jagd erlaubt, dann wollen alle an der Home Bay einen Bären erlegen, bevor die Quote ausgereizt ist.

Die Jäger aus Clyde River dürfen zwischen dem 1. April und dem 1. Juni zwanzig Eisbären schießen. Ist ein Tier erlegt, wird dem Dorf, wo man die Liste führt, Meldung erstattet. Wer die letzten vier Bären schießen darf, wird ausgelost, alle, die wollen, dürfen einen Zettel mit ihrem Namen in einen Hut legen. Wem Fortuna hold ist, der hat zwölf Stunden Zeit, um mit einem erlegten Eisbären ins Dorf zurückzukehren, gelingt ihm das nicht, darf der Nächste sein Glück versuchen.

Die Jäger sind am 1. April zur Eisbärenjagd bereit.

Nach dem freudigen Wiedersehen mit James und Isa posieren Isa und ich für ein gemeinsames Foto.

»*See you in two days in the village*«, sagt Esa, bevor er weiterzieht, um in der eingeschneiten Hütte auf der Landzunge, an der wir vor acht Tagen vorübergekommen sind, zu übernachten.

In zwei Tagen! Mindestens eine Woche werden wir brauchen. Wir erklären ihm, dass wir für die Strecke, für die man sieben Stunden mit dem Schneescooter benötigt, auf Skiern möglicherweise sieben Tage brauchen werden. Esa lacht, aber nachdem er an unseren Pulkas gezogen hat, scheint er mehr Verständnis für unsere Situation aufzubringen. Nur wenige Minuten später tauchen James und Isa auf, die wir vor einigen Tagen getroffen haben, ein schönes Wiedersehen, das mich mit Freude und Kraft erfüllt.

Am 31. März schreibe ich in mein Tagebuch:

Plötzlich ist volle Action in der Eiswüste. Eine Menge Leute. Es ist wunderbar, Menschen zu treffen. Von ihnen geht eine solche Geborgenheit aus. Ich bin glücklich. Natürlich wundern sich alle, hier draußen drei einsame Frauen auf Skiern zu treffen, aber dieses Erstaunen ist von Respekt geprägt. Die Eisbärenjagd beginnt morgen, und alle wirken erwartungsvoll. Der erste Mann, den wir trafen, Eglolik, war sicher schon über siebzig. Er befand sich ganz allein im Schneetreiben. Ein Zelt hatte er auch keines dabei. Wenn ihm etwas passiert? Das schien ihn nicht weiter zu kümmern. Er behauptete, dass er einen ganz neuen Motorschlitten bauen kann, falls seiner kaputtgeht. Er schien auch wirklich von allem etwas zu verstehen. Er kannte jeden Hügel in der Gegend und hat wirklich alles gecheckt! Abends kamen James und Isa vorbei. Phantastisch, sie wiederzusehen. James erzählte, dass er als Kind mit seiner Familie hier ganz in der Nähe wohnte. Bis die kanadischen Behörden sie alle zwangen, in die Dörfer zu ziehen und ihre Hunde zu schlachten. Man gab ihnen Zettel mit Nummern als Ausweise und zwang die Kinder, Internate zu besuchen, an denen nur Englisch gesprochen wurde. Hier wie auch anderswo das fürchterliche Unrecht, dass der weiße Mann dominiert und entscheidet.

Unsere erträumten Mahlzeiten werden Wirklichkeit

Am 2. April erreichen wir den höchsten Punkt des Landmassivs und können auf den Fjord schauen, der nach Clyde River führt. Es ist ein ergreifendes, aber auch seltsames Gefühl, dass der Ort, der einem die ganze Zeit so unendlich weit entfernt vorkam, plötzlich in so greifbarer Nähe liegt. Irgendwie war er in den letzten drei Wochen in unseren Gedanken überhaupt nicht vorhanden. Jetzt aber, wo wir allmählich in seine Richtung schauen kön-

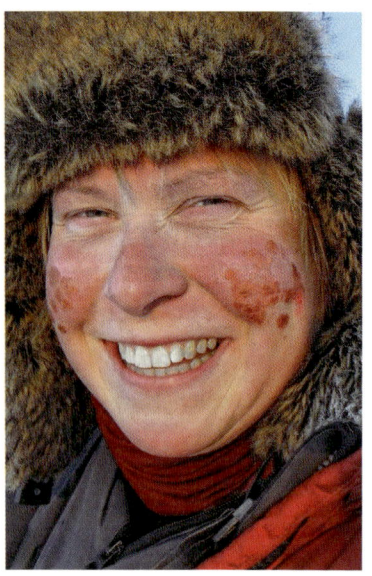

nen, kommt er uns fast schon erschreckend nah.

Am Nachmittag fahren Jäger auf dem Heimweg an uns vorbei. Im Laufe eines Tages haben sie ihre Beute erlegt. Auf den Schlittenanhängern transportieren sie zwei tote Eisbären. Irgendwie unwirklich, die Tiere festgezurrt und kalt dort liegen zu sehen.

Kristins Wangen erinnern an alte, verschrumpelte Apfelsinen. Sie sind geschwollen und wund.

»*This is for you so you won't starve before you arrive in town.*« Esa hat Veras Klage, dass wir uns nach etwas Anständigem zu essen sehnen, im Gedächtnis behalten und schenkt uns eine Tüte mit dreizehn Croissants.

Unser Glück ist vollkommen! Die körperliche Anstrengung und die Kälte lassen die Energieverbrennung auf Hochtouren laufen. Unsere Extrakilo verschwinden allmählich, obwohl wir Speiseöl in unseren Brei und unser Abendessen rühren. Besonders Vera und Kristin kämpfen gegen den ständigen Hunger. Ihre Träume vom Essen verwandeln unsere Mahlzeiten oft in Phantasiediners, bei denen sie Käse, unendliche Mengen verschiedener Gerichte und frisches Brot herumgehen lassen. Jetzt reicht uns Vera ein aufgebackenes Croissant als Vorspeise! Andächtig kauen wir das weiche, lockere Gebäck. Es schmeckt phantastisch!

»Noch eins, Vera, bitte«, bettelt Kristin.

Am liebsten würden beide alle Croissants auf einmal verschlingen, aber sie wissen auch, wie schön es sein wird, das Breifrühstück morgen mit einem warmen Croissant beenden zu können. Da ist es nicht mehr schwer, sie dazu zu überreden, sich zu beherrschen.

Aus Veras Tagebuch, 2. April:

Ungewohnt und grausam, wie sie die toten Eisbären auf den Schlitten transportieren. Vom Aussterben bedroht und an den meisten Orten geschützt. Jetzt sehe ich sie zum ersten Mal tot. Gleichzeitig respektiere ich aber auch die Jäger. Sie leben von der Natur, und das schon seit Generationen. Ich kann ihnen keinen Vorwurf machen.

Die monotonen, rhythmischen Bewegungen laden zur Meditation ein.

Wir stopfen uns mit knusprigen, buttrigen Croissants voll.

Selbstgefällige Männer verschwinden im Nichts

»Wie kann etwas, was ich so liebe, meinen Körper verletzen? Ich begreife das nicht! Was mache ich falsch?«

Kristin vergöttert die Sonne. Sie wird rasend, wenn sich jemand den Sonnenstrahlen in den Weg stellt, auch dann, wenn nur ein winziger Teil ihres Körpers in den Schatten gerät. Jetzt ist ihr Gesicht von Sonnenekzemen bedeckt, und ihre Wangen erinnern an verschrumpelte Orangen. Es brennt, juckt und tut wahnsinnig weh, und deswegen kann sie nachts nicht schlafen. Sonnenschutzfaktor fünfzig reicht offenbar nicht aus, um einen vor der arktischen Sonne zu schützen.

In den letzten Wochen haben wir uns Pflaster auf die Wangen geklebt, um uns zu schützen. Leider haben sich Vera und Kristin außer den Sonnenekzemen dadurch auch Erfrierungen zugezogen. Ihre Wangen sind von großen, mit Wundwasser gefüllten Blasen bedeckt.

Am 3. April endet eine unserer längeren Pausen damit, dass wir die großen Männeregos, mit denen wir während der Vorbereitungen zu unserer Expedition zu tun hatten, zum Platzen bringen. Alle, die nicht glauben, dass wir das schaffen, weil wir Frauen sind; die nicht glauben können, dass wir alles im Griff haben. Wir sind es unglaublich leid, diese Outdoor-Machos ständig von unseren Kenntnissen überzeugen zu müssen, wir sind es leid, dass man uns nicht ernst nimmt, und wir sind es leid, Ratschläge und Anweisungen, wie man etwas richtig macht, entgegenzunehmen. Die meisten Kerle haben uns allerdings ermuntert und uns geholfen. Sie standen der Expedition positiv gegenüber, obwohl ich davon überzeugt bin, dass wir uns viele Kommentare gefallen lassen mussten, mit denen Männer unseres Alters nicht konfrontiert werden:

Uns geht es am allerbesten, wenn wir unterwegs sind.

Wir genießen die Weite der Landschaft und weilen im Hier und Jetzt.

»Vier Frauen in einem Zelt? Das funktioniert nicht. Entweder Zickenkrieg oder ein einziges Gekicher …«

Und dann all die Bemerkungen über meine Größe! Dass ich zu klein bin, zu schwach. Entweder bekomme ich zu hören, dass ich nicht genug Muskeln habe oder dass meine Fettreserven zu gering sind, um durchzukommen. Diese Typen nehmen es sich heraus, Urteile über unsere Körper zu fällen, da Männer Frauen häufig zum Objekt machen. Sie haben doch keine Ahnung, wozu wir fähig sind.

Meist hören wir weg und lächeln, weil es irgendwie auch tragisch ist, dass sie andere runtermachen müssen, nur um sich selbst besser fühlen zu können. Aber an einem Tag wie diesem entscheiden wir uns dafür, ihren allzu großen und selbstgefälligen Männeregos buchstäblich die Luft rauszulassen. Einen nach dem anderen blasen wir sie auf, bis sie wie Ballons kurz vorm Platzen sind, und feuern dann imaginäre Pfeile auf sie ab. Langsam trudeln die Fetzen in den kalten Schnee, um schließlich ganz vom Angesicht der Erde zu verschwinden.

Down they go, forever!

Wir nähern uns Clyde River

»Sieben Kilometer noch, dann sind wir am Ziel«, verkündet Kristin.

Mit gemischten Gefühlen wird uns bewusst, dass Clyde River hinter der Landzunge liegt. Bereits morgen erreichen wir das Ziel unserer ersten Etappe. Trotzdem wird sie in unseren Gedanken, unseren Erinnerungen immer bei uns sein. Während ich mich auf den Skiern bei starkem Wind über den Fjord vorwärtskämpfe, denke ich an die letzten dreißig Tage, die wir unterwegs waren, zu-

rück. Anfänglich fühlten wir uns klein und recht einsam in der großen Landschaft. Nervös. Mit der Zeit und in dieser Umgebung
wuchsen wir. Sie wurde unser Zuhause, in dem wir uns geborgen
fühlen, und unser Alltag. Ich erinnere mich an jeden einzelnen
Lagerplatz, jede Aussicht. Mir fehlt hier draußen eigentlich nichts,
mir geht es im Freien wunderbar. Ich habe keine Sorgen. Hier gibt
es nur gedehnte Augenblicke und das Gefühl, mit derselben Ge-
schwindigkeit wie die Zeit unterwegs zu sein. Ich bin in dem, was
genau jetzt passiert, ganz da.

Obwohl Clyde River nur ein kleines Dorf ist, bedeutet unser
Eintreffen dort, der Zivilisation zu begegnen. Ein weiteres Mal
werden wir uns auf eine Etappe vorbereiten, reparieren, einkaufen, organisieren und packen. Alles ist so einfach und klar hier
draußen.

»Emma, denk nur an den guten Käse!«, sagt Vera in einer Pause
versonnen.

Mich braucht man nicht lange zu überreden. Ich freue mich aufs
Schlemmen. Viel essen – so viel ich will. Das Beste aber ist, dass wir

*Die Zivilisation
heißt uns freund-
lich in Clyde
River willkom-
men. Das letzte
Stück helfen uns
die Kinder beim
Ziehen.*

In Clyde River werden wir eine kleine Zwischenstation einlegen. Wir freuen uns darauf, bei den Mahlzeiten endlich wieder schlemmen zu können.

endlich vollzählig sein werden. Ingebjørg wird am 10. April landen, und es kribbelt überall, wenn ich nur daran denke. Wir beschließen, das Zelt vor der letzten Landzunge aufzubauen, und zwar so, dass wir das Dorf vom Lagerplatz aus nicht sehen können und stattdessen auf die unberührte Landschaft blicken.

Kristin kocht in der Sonne. »Emma, stell dir vor, in nur zwanzig Stunden können wir Salat essen!«

Clyde River

Der eigentliche Name von Clyde River lautet Kangiqtuugapik, was so viel wie »kleine und schöne Fjordeinfahrt« bedeutet. Hier wohnen 1024 Menschen (2009), von denen 95 Prozent Inuit sind. Die Hälfte der Dorfbewohner ist unter 18 Jahre alt. Die Einwohnerzahl wächst rasch. Das Dorf liegt an einer kleinen Bucht des großen Fjords Clyde Inlet vier Grad nördlich des Polarkreises.

Ihre Augen leuchten. Wir haben uns geeinigt, dass im Laden keine Beschränkung gelten soll. Alle dürfen vier Dinge kaufen, egal was diese kosten. Natürlich müssen wir feiern, dass wir ohne Probleme Clyde River erreicht haben.

Bevor wir uns hinlegen, schalten wir ein letztes Mal das Satellitentelefon ein: »*We are the police in Clyde River. Have housing arranged for you.*«

Zivilisation ist manchmal gar nicht so dumm. Ich schlafe gut. Das Schönste ist die Gewissheit, dass wir immer noch fünfzig Tage in freier Natur vor uns haben – eine kurze Zwischenstation tut uns aber sicherlich gut.

Ein einzigartiges Willkommen

»*You must be the Baffin Babes! Welcome!*«

Ein weißer Jeep kommt abrupt vor uns auf dem Eis zum Stehen. Zwei sonnengebräunte Männer geben uns die Hand und heißen uns willkommen. Vor etwa zwanzig Minuten hat bereits ein Schneescooter gehalten, und der Fahrer bot uns an, uns das letzte Stück bis ins Dorf mitzunehmen. Wir waren von so viel Freundlichkeit überwältigt, lehnten aber höflich ab. Als noch ein paar Hundert Meter vor uns liegen, kommen etwa zwanzig Kinder auf uns zugelaufen.

»*We have been waiting for you! What's your name? Can I try your skies? Can we get your dogs, please?*«

Voller Energie und Freude helfen sie uns, die Pulkas das letzte Stück in den Ort zu ziehen. Mir wird ganz warm. Die Begeisterung der Kinder ist ansteckend. Es ist ein phantastisches Gefühl, endlich am Ziel zu sein.

»*You are going to live in that red house along the shoreline!*« Die kleine Melanie zeigt uns den Weg.

Wir tauschen unseren grünen Zeltpalast gegen einen anderen großartigen Palast ein. Das verheißt für die Tage in der Zivilisation Gutes.

Zweite Etappe

Das größte Glück
KRISTIN

Mit 33 Kilo Schokolade im Gepäck trifft Ingebjørg in Clyde River ein. Die Baffin Babes sind vollzählig. Der Start der zweiten Etappe wartet mit Überraschungen auf – sowohl guten als auch schlechten. Bevor wir aufbrechen können, sind wir intensiv mit Vorbereitungen und Packen beschäftigt. Es gibt viel zu tun, wenn eine Expedition von fünfzig Tagen vor einem liegt.

Endlich ist das Team komplett

»Da ist sie! Da ist Ingebjørg!«

Mit einem Banner und ausgelassenen Hurrarufen erwarten Emma und ich Ingebjørg, die aus Norwegen kommt, auf dem Flugplatz von Clyde River. Sie hat ihr rätselhaftes Magenleiden überwunden und kann sich dem Team endlich anschließen. Als unsere lächelnde und bereits für die Expedition gekleidete rothaarige Freundin die kleine Ankunftshalle betritt, sind wir endlich komplett. Es ist der 10. April. Nach dem missglückten Versuch, Ingebjørg mit unseren Umarmungen zu erdrücken, beeilen wir uns, nach Hause zu Vera zu kommen. Sie hatte verloren, als wir auslosten, wer im Auto mitfahren und so zum Empfangskomitee gehören darf.

Unser Wiedersehen feiern wir mit braunem norwegischem Schafskäse und frisch gebackenem Brot. Zum Kaffee lassen wir uns außerdem norwegische Milchschokolade schmecken. Ingebjørg hat 33 Kilo Schokolade im Gepäck.

Wir dürfen in einem der Diensthäuser der Royal Canadian Mounted Police wohnen.

Al, »the Pie Man«,
serviert Emma
ein riesiges
Stück Apple Pie.

Dank Al, »the Pie Man«, verfügen wir in der Woche in Clyde River über ein ganzes Haus. Alan Jagoe arbeitet für die Royal Canadian Mounted Police, die nationale kanadische Polizei, und ist für einige Zeit in dem Dorf stationiert. Wir haben zum ersten Mal von ihm gehört, als wir uns vor dem Start auf der Wache von Qikiqtarjuaq meldeten. Dort hieß es, ein großer, lächelnder Mann namens Al habe es sich zur Aufgabe gemacht, Besuchern selbst gebackenen Kuchen zu servieren.

»Help yourselves, girls, don't be shy!«

Er schneidet den noch warmen Apple Pie in riesige Stücke und reicht ihn herum. Aber nicht nur Kuchen essen wir bei Al. Jeden Tag lädt er uns zum Abendessen ein: Salat, Gegrilltes und wunderbare Forellen, die er in einem See in der Nähe geangelt hat. Unser neuer Freund begnügt sich aber nicht damit, uns zu bekochen, er stellt uns zusätzlich zu dem erwähnten zweigeschossigen Gebäude, das wir rasch zu unserem Zuhause machen, eine Garage zur Verfügung. Zelt, Schlafsäcke, Isomatten, Pulkas und Kleider, alles wird hier getrocknet. Die wollene Unterwäsche kommt in die

Waschmaschine, wir duschen ausgiebig, die eingekauften Lebensmittel sind über alle Tische und Ablageflächen verstreut, während die übrige Ausrüstung wie ein dreidimensionaler Teppich auf dem Fußboden herumliegt. Die Baffin Babes sind an Organisation und Selbstdisziplin in ihrem Zelt nicht zu überbieten, aber sobald wir uns in vier Wänden befinden, herrscht totales Chaos. Dann sind wir die Baffin Bombs.

Jetzt wird Dampf abgelassen

Nachdem wir stundenlang Portionen für Frühstück, Mittag- und Abendessen sowie Tagesrationen Hundefutter in Tüten verpackt haben, fallen wir aufs Sofa vor dem Fernseher.

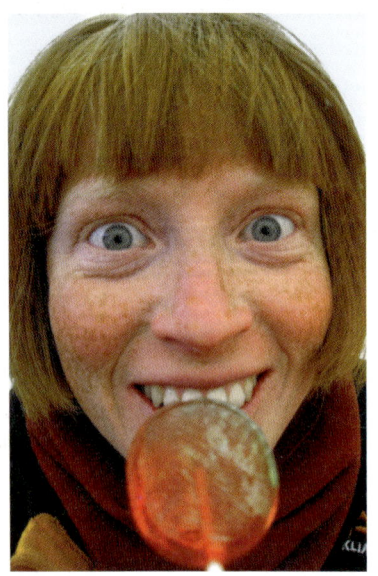

»Halt durch, Jake! Das Wasser ist kalt, aber du schaffst es. Rose liebt dich, sie braucht dich! Nein, Jake! Du darfst nicht sterben! Buhuu!«

Ingebjørg ist auf dem Fußboden eingeschlafen, während Vera, Emma und ich uns an den Sofakissen festklammern und dem tragischsten Augenblick der Kinogeschichte beiwohnen: Jake überlebt

Ingebjørg genießt einen Lutscher und bewundert ihre neue Frisur.

Emma kauft ein, putzt die Kufen der Pulkas und verpackt das Essen.

Veras Traum vom Käse geht endlich in Erfüllung.

Ich entspanne in der Pulka. Zwischen den Einkäufen, Reparaturen und Vorbereitungen erholen wir uns für die zweite Etappe.

auch dieses Mal nicht. Die *Titanic* sinkt. Leonardo DiCaprio erfriert, und Kate Winslet muss allein weiterleben. Der Nachspann verschwindet zusammen mit der ergreifenden Stimme Céline Dions in der schwarzen Nacht. Wir gehen alle auf unsere Zimmer und machen die Schlafzimmertüren hinter uns zu.

Vieles drängt in diesen Tagen in der Zivilisation an die Oberfläche. Hier sind wir nicht mehr von vier Quadratmetern, auf denen wir uns ausgiebig tummeln können, begrenzt. Kurz vor Ingebjørgs Ankunft sage ich etwas Unbesonnenes, als Emma, Vera und ich das ganze Organisieren und Packen gerade besonders leid sind.

»Mir steht dieses verdammte Team wirklich bis zum Hals!«, verkünde ich vom Küchentisch aus.

»Was soll das heißen?«, gibt Emma mit scharfer Stimme zurück.

»Ach, vergiss es«, murmele ich. »Lass uns lieber die Tüten fertig packen.«

»Einfach vergessen? Du kannst hier nicht was über das ›verdammte Team‹ sagen und dann davon ausgehen, dass uns das egal sein soll. Ich verlange jetzt eine Erklärung!«

Die zwei setzen sich zu mir an den Küchentisch, und wir reden ernsthaft über das, was war, und das, was sein wird. Das ist gar nicht so leicht. Was jede von uns anders machen sollte, und wie wir es uns auf der Expedition vorstellen. Am Ende haben wir alle negativen Aspekte abgehandelt und kommen zu dem Schluss, dass sie unseren positiven Erlebnissen nicht einmal bis zu den Knöcheln reichen. Wir sind müde und erschöpft und haben tagelang zu dicht aufeinander gelebt. Es ist nur gesund, Dampf abzulassen. Wir nehmen uns vor, von jetzt an sofort Bescheid zu sagen, wenn uns etwas nicht passt. Jeden Sonntag wollen wir besprechen, wie unser Zusammensein funktioniert.

Kein Erholungsheim

Die Tage vergehen wie im Flug. Die To-do-Liste wirkt endlos. Wir polieren die vom Ziehen über Geröll vollkommen zerkratzten Kufen der Pulkas. Vera bohrt Löcher in die Skier, um die Bindungen zu verstärken. Ingebjørg klebt Gamaschen, Emma repariert die Griffe der Skistöcke. Wir kontrollieren das Reparatur- und das Erste-Hilfe-Set, kaufen Haferflocken, Hundefutter und Benzin. Ingebjørg geht zur Friseurin Emma, und diese schneidet ihr mit einer stumpfen Küchenschere die Haare. Wir reparieren die Solarzellen und diverse Ladegeräte, die die Kälte nicht überlebt haben. Schwierig wird es, wenn die Kabel direkt am Gehäuse abgebrochen sind, denn dann weiß man nicht, wie man sie wieder befestigen soll. Hier sind Ingebjørgs Engelsgeduld und ihr Kindheitstraum, Elektrikerin zu werden, von großem Nutzen. Vorsichtig schneidet sie das Plastik von den Kabeln, dreht die dünnen Kupferdrähte zusammen, umwickelt alles mit Isolierband und trägt das Ganze dann zum Test in die Sonne.

»Es funktioniert!«

Beide Ladegeräte für jeweils die Videokamera, den Fotoapparat und das Satellitentelefon kommen bei Elektro-Inga erfolgreich in Behandlung. Nachdem sie ihre stundenlange pedantische Arbeit beendet hat, lege ich die Minisolarzellen auf die Veranda, um den Akku zu laden. Als ich den kleinen Gegenstand am nächsten Tag mit ins Haus nehmen will, entdecke ich, dass der Nachbarhund Umik den Widerstand getestet hat. Verzweifelt sehe ich das Kabel wie eine angekaute Lakritzschnur im Schnee liegen.

»Ingebjørg! Der nächste Auftrag!«

Kalte Gegenden, herzliche Leute

An unserem Besuch in Clyde River ist mit am schönsten, dass wir den Jägern, die wir auf unserer Expedition getroffen haben, hier wiederbegegnen. Wir halten einen Schwatz mit Esa und James und erfahren, dass sie jetzt auf die Robben- und Rentierjagd gehen. Zu dieser Jahreszeit verbringen sie nicht viele Tage im Dorf. In ihren Adern fließt Jägerblut, sie wollen los. Das ist es, was ihrem Leben einen Sinn gibt. Auf der Straße treffen wir Leslie, er stellt uns stolz seinen achtjährigen Sohn vor, der zusammen mit seinen Freunden Hockey spielt. Jake nickt uns lächelnd zu, als er mit seinem Motorschlitten an uns vorbeibraust. Alle sind nett und freundlich. Wir fühlen uns sehr privilegiert, dass man uns so gut empfangen hat. Die Leute im Dorf interessieren sich für unsere Expedition.

Die Mädchen, die wir im Laden treffen, finden es schick, dass Fremde kommen, und wollen sich unterhalten. Sie erzählen, dass sie bald das Dorf verlassen werden, um in Ottawa eine dreijährige Ausbildung zu beginnen.

Wir besuchen die Bibliothek, in der vier funkelnagelneue Apple-Computer mit 24-Zoll-Bildschirmen stehen.

Hockey ist der Lieblingssport der Kinder auf Baffin Island.

Wir dürfen sie benutzen, um unsere Mails zu lesen und uns rasch darüber zu informieren, was in der Welt passiert. Erdbeben in Italien, Bombenangriff in Afghanistan, Ausbruch der Schweinegrippe in Mexiko. Auf einer Skiwanderung distanziert man sich vollkommen vom Rest der Welt. Von dem, was vor sich geht, während wir Schnee zum Schmelzen bringen, die Zeltleinen nachspannen und Kilometer zurücklegen, wissen wir wenig. Wir leben in vollkommener Freiheit, während wir in unserem eigenen kleinen Universum isoliert sind. Dieses Gefühl gefällt mir. Wenn der Lärm und die Ablenkungen nachlassen, wird der Alltag übersichtlich und man kann sich auf die einzelnen Dinge konzentrieren. Ich gerate leichter in einen *mental flow*. Meine Gedankengänge werden länger und wagen sich höher hinauf. Hoch in den Himmel schwingen sie sich hinauf, bis sie abheben und in anderen Universen verschwinden.

Zurück auf der schneebedeckten Erde schaffen wir es auch noch ins Gesundheitszentrum, wo die Schwestern schockiert sind, als sie die blutigen Blasen an Emmas Fersen und meine juckende Apfelsinenhaut sehen.

»Did you ski all the way from Qik, and are you continuing to Pond? I couldn't have skied from my home to the supermarket«, erklärt eine der Schwestern lachend.

Sie geben uns ein paar Mullbinden und eine Salbe mit und wünschen uns viel Glück. Es ist wirklich an der Zeit, loszuziehen und wieder unter offenem Himmel zu wohnen. Es war schön, hierher nach Clyde River zu kommen, eine Menge Butterbrote zu essen und zu duschen, den Slip zu wechseln, wie im Koma auf dem Sofa zu liegen und eine Reality-Show zu sehen, aber jetzt sind wir rastlos und wieder scharf auf das Outdoorleben. Nach einem anstrengenden Vormittag ziehen wir endlich am Dienstag, dem 14. April, weiter. Leslie und sein Freund Aisa fahren uns mit den Schneescootern drei oder vier Stunden bis an den Eglinton-Fjord. Wir bauen das Lager auf und winken den Jungs zum Abschied zu, als diese zurück zum Dorf rasen.

Von Anfang an geschwächt

Am 15. April schreibe ich in mein Tagebuch:
Es ist schön, wieder unterwegs zu sein. Wir gingen es sehr langsam an, 4,5 Kilometer auf Skiern. Wir überquerten einfach nur den Fjord. Strahlender Sonnenschein und eine irrsinnig wilde Natur. Die Felswände ragen senkrecht aus dem Fjord auf, weiter hinten sieht man spitze, steile, vielversprechende Berggipfel. Es ist alles wahnsinnig schön, und das gibt einem eine unglaubliche Kraft. Mich ergreift eine unbändige Lust auf die Höhe. Wäre ich Bergsteigerin, hätte ich beim Anblick dieser wunderbaren Wände sicher geweint. So mächtig, schön, faszinierend und erschreckend auf einmal. Dass Fels so schön sein kann! Oh, là là! Das einzig Lästige daran, sich auf schmalen Fjorden zu befinden, ist, dass die Berge morgens und abends Schatten werfen. Aber

Unser Scooterfahrer Aisa war schon oft am Eglinton-Fjord.

die Sonne steht mit jedem Tag höher am Himmel! Morgens war uns allen leicht übel, bei Ingebjørg war es am schlimmsten. Sie musste sich übergeben, und ihr ging es auch den ganzen Abend lang schlecht. Es kamen mehrere Schneescooter vorbei. Erst eine Dreierkolonne. Wir unterhielten uns mit den Fahrern. Anschließend zwei Männer auf einem Schneescooter, die einfach nur vorbeirasten, schließlich wieder drei, darunter eine Frau. Sie waren alle zum Sam-Ford-Fjord unterwegs, um dort eine Hütte zu bauen. Dort wollen sie dann zwei Wochen verbringen. Es war das erste Mal, dass wir unterwegs eine Inuitfrau trafen. »I like to be out on the land.« Und ihr Mann meinte stolz: »Wherever I go she wants to follow!« Super!

Die spektakuläre Landschaft verschlägt uns den Atem, schlimmer ist jedoch, dass uns die Übelkeit die Kraft raubt, noch ehe wir richtig mit der zweiten Etappe begonnen haben. Dass sich Ingebjørg bereits zwei Stunden, nachdem wir uns auf den Weg gemacht haben, übergeben muss, beunruhigt uns. Aber sie versichert uns, das sei etwas ganz anderes als die Magenprobleme, die ihr wäh-

Ingebjørg ist die letzte Mahlzeit nicht bekommen.

*Emma hat auch
schon bessere
Tage gesehen …*

rend der ganzen Vorbereitungszeit Ärger verursacht haben. Als
auch Emma schlappmacht, sind wir paradoxerweise etwas erleichtert, weil es Ingebjørgs Theorie bestätigt. Wahrscheinlich haben
wir irgendeinen Virus aus dem Dorf mitgeschleppt, hoffentlich
einen, den man rasch wieder loswird.

Aus Emmas Tagebuch, 16. April:
Den ganzen Tag war mir leicht übel. Ich kriege weder Schokolade noch
den Powerriegel runter. Als wir den Lagerplatz erreicht haben, würgt
mich die Übelkeit förmlich. Wie Übelkeit nach Volltrunkenheit, nur
zehnmal so schlimm. Ich habe Schüttelfrost und liege bibbernd im
Schlafsack, obwohl ich eine Menge Kleidung anhabe und auf dem
Schlafsack zwei Daunenjacken liegen. Und draußen ist es nicht mal
kalt! Meine Zähne klappern, und vom Abendessen bekomme ich
nichts runter. Ich muss aufpassen, dass ich nicht vollkommen zu-
sammenklappe. Wie wenn man zu betrunken ist, wenn man einschlafen will, und sich alles unkontrollierbar dreht, sobald man die Augen
schließt. Ich habe nicht einmal genug Kraft, den Reißverschluss des

Schlafsacks zu schließen, ich habe nicht die Kraft, den Mund zu öffnen, um eine der anderen zu bitten, das für mich zu tun. Ich versuche, Kräfte zu sammeln, um die Kontaktlinsen rauszunehmen, rauszugehen und zu pinkeln, aber das schaffe ich nicht. Ich zittere am ganzen Körper. Schließlich muss ich eingeschlafen sein. Ich erwache mitten in der Nacht davon, dass ich das Gefühl habe, mich übergeben zu müssen. Friere ganz wahnsinnig, zittere am ganzen Körper. Ich werde mich nie mehr im Leben betrinken!

Der Magenvirus ist beharrlich, und das Team wird geschwächt. Wenn eine nach der anderen zusammenklappt, hat das Folgen für uns alle. Wir schleppen 480 Kilo Ausrüstung mit uns herum, und hier am Revoir Pass mit seinen steilen Hängen hätten wir wirklich alle Kräfte gebrauchen können. Gegen die Krankheit können wir aber kaum etwas ausrichten; wenn eine schlappmacht, müssen wir anderen besonders kräftig zupacken. Emma liegt im Zelt, während wir Gesunden eine Pulka nach der anderen den steilen Hang hinaufziehen. Die kleineren Pulkas lassen sich zu zweit ziehen, aber um die beiden großen hochzubekommen, müssen Vera, Ingebjørg und ich uns ins Geschirr legen. Auf der Erde liegt nur sehr wenig Schnee, und die Pulkas werden ordentlich durchgeschüttelt, als wir sie über das Geröll ziehen. Nach sieben Stunden harter Arbeit bei kaltem Gegenwind haben wir das Camp zweieinhalb Kilometer verlegt. Nicht gerade ein Etappenrekord, aber an der Motivation und am Einsatz war nichts auszusetzen. Wir sind voll dabei, obwohl die Aufgabe ihre Zeit erfordert und wir anschließend vollkommen fertig sind. Aber es ist ganz klar viel schlimmer, krank im Zelt zu liegen.

Aus Emmas Tagebuch, 18. April:

Ich hasse es, keine Kraft zu haben, nichts beitragen, nicht mithelfen, den kleinen Unterschied machen zu können. Ich schaffe nicht mal das, was ich tun müsste, und bin jetzt eher eine Belastung. Ich kriege kein Essen runter. Ich versuche Heidelbeercreme zu trinken und beiße von einem Powerriegel ab, muss aber alles wieder erbrechen. Ich lege mich wieder hin, während die anderen das Camp aufbauen und Essen kochen. Ich bin froh, die Babes um mich zu haben. Sie machen mir Mut, helfen mir, ziehen die Pulkas und kochen, obwohl ich an der Reihe wäre, außerdem kriegen sie meine schlechte Laune ab und murren nicht. Sie sind phantastisch.

---

480 kg Ausrüstung

62 l Benzin
200 kg Lebensmittel
90 kg Hundefutter
2,7 km Toilettenpapier
8 kg Waffen (eine Ruger und eine Remington 870)
24 kg Campingausrüstung
90 kg Solarzellen, iPods, Kleider, Reparatursets, Erste-Hilfe-Kasten, Sicherheitsausrüstung, Campingküche usw.

Girlpower am Revoir Pass

Der 19. April wird der geselligste Tag der Expedition. Wir haben gerade Anu und Buck an die Pulka gebunden, nachdem sie einen steilen Weg heruntergekullert waren. Als die Karabinerhaken zuschnappen, hören wir oben vom Hang Hallorufe. Ein Gespann mit zehn Inuit-Hunden und zwei Frauen fliegt förmlich über den Kamm, gefolgt von einem Gespann mit 14 Hunden und zwei weiteren Frauen. Auf fast wunderbare Weise weichen sie uns elegant aus, und wir vermeiden so ein totales Chaos, einen Crash und sich balgende Hunde.

»Hello, Baffin Babes, how nice to meet you out here!«

Siu-ling reicht uns die Hand, stellt sich vor und schwingt dann die Peitsche kurz über die Köpfe ihrer Hunde, die wenig später brav und ordentlich nebeneinander im Schnee liegen. Weiter hinten bringt Matty McNair ihre 14 Vierbeiner unter Kontrolle. Die beiden Gespanne kommen aus Qikiqtarjuaq und wollen wie wir nach Pond Inlet.

Die Frauen reisen jedoch anders als wir. Die Hunde sind fächerförmig vor die mit Lebensmittel und Ausrüstung beladenen Schlitten gespannt. Hinten am Schlitten ist ein Seil, in das sich die Frauen einhaken und sich so auf Skiern hinter dem Schlitten herziehen lassen. Das ist kein Problem auf ebenem Terrain mit guter

Sämtliche Ausrüstung hat ihren festen Platz in den vier Pulkas. Wir wechseln uns beim Ziehen der Schlitten ab.

Vera und Ingebjørg kämpfen sich am Revoir Pass den Berg hoch.

Endlich wieder unterwegs! Vor uns liegt eine fünfzig Tage lange Etappe.

Schneedecke. Am Hang oder auf Streckenabschnitten mit viel Schnee aber müssen sie ihren Hunden dabei helfen, den Schlitten zu ziehen. Diese Hunde verfügen über so viel Zugkraft, dass sie viel weiter kommen als wir Skiläufer.

»*Up to fifty kilometers a day*«, erzählt Siu-ling.

Sie hat Debbie McAllister aus Calgary auf ihrem Schlitten dabei, während bei Matty Connie Maley mitfährt, die ebenfalls aus Calgary ist. Siu-ling und Matty wohnen in Iqaluit, der auf Baffin Island gelegenen Hauptstadt des Territoriums Nunavut.

»*We got inspired by your fancy choice of name*«, sagt Matty. »*Siuling and Debbie have become ›the Baffin Barbies‹, while Connie and myself use the presentable name ›the Baffin Bitches‹.*«

Matty lacht schallend. Das englische Wort für die Hündin, die ein Gespann anführt, ist *bitch*, einen passenderen Namen hätten diese erfahrenen Arktisreisenden also nicht wählen können! Als Siu-ling mit rosa Lippenstift und schicker Sonnenbrille in den Haaren an ihrem Schlitten lehnt und elegant mit ihrer Hundepeitsche wedelt, sobald eines der Tiere auch nur Anstalten macht, irgend-

Die Baffin Barbies nehmen sich Zeit für eine Unterhaltung, ehe sie nach Pond Inlet weitereilen.

einen Unsinn anzufangen, wird eines vollkommen klar: Auch die Baffin Barbies werden ihrem Namen gerecht! Ken kann einpacken und in seinem Puppenhaus verschwinden – von hier bis zum Mond: *Girl power rules!*

Die schönste Fjordquerung der Welt

Die Frauen mit den Hundeschlitten haben leider wenig Zeit und brechen auf. Nur ein paar Kilometer weiter nehmen sie Kurs auf das zugefrorene Meer. Wir hingegen ziehen zum Sam-Ford-Fjord ins Landesinnere weiter, während wir uns darüber unterhalten, was für ein phantastisches Timing das war. Wären die Schlitten eine Stunde später hier vorbeigekommen, wären wir ihnen nicht begegnet. Das ist Flow! Während wir nach dieser Begegnung mit den Hundegespannen immer noch leicht euphorisch sind, begegnen wir schon den nächsten.

Vera beschreibt die Begegnung in ihrem Tagebuch am 19. April folgendermaßen:

Ein Scooter taucht auf, ein Fischer und seine Frau. Der angehängte Schlitten ist voller Fisch, und ich frage vorsichtig, ob wir was kaufen können. Ich habe Hunger, von Buck und Anu gar nicht zu reden. Der Fischer lächelt breit und macht die Seile auf dem Schlitten los. Mit Humor und Lachen kommt man weit. Wir bekommen drei Fische. Die Fischerfrau hilft Kristin dabei, ihre Fausthandschuhe anzuziehen.

Der Fisch ist ganz frisch, er wurde heute Morgen gefangen und ist noch weich. Genial! Den werden wir und die Hunde heute Abend genießen!

Es windet stark. Weiter draußen auf dem Eis sehen wir kleine Wirbelwinde auf dieser schönsten aller Fjordquerungen. Swiss Bay, die in den Walker Arm übergeht, kreuzt den Sam-Ford-Fjord. Es ist sehr unwirklich.

Ich stehe wie eine winzige Ameise unterhalb der imposantesten Bergformation, die ich je gesehen habe. Es ist so schön, dass ich

Unser Abendessen ist gerettet! Frischer Fisch ist ein Leckerbissen für Zwei- und Vierbeiner.

David Turner aus Kalifornien weiß den Damenbesuch sehr zu schätzen und demonstriert uns seine Backkünste.

innerlich schmelze. Wir erwägen, das Camp hier aufzuschlagen, beschließen dann aber, uns noch ein paar Stunden weiterzupeitschen, um vielleicht hinter einer Landzunge in den Windschatten zu kommen. Und das ist gut, denn auf der anderen Seite des Belvedere Ridge erwartet uns eine windstille Bucht mit Abendsonne und einem hübschen Gletscher – und mit David Turner. Hier sitzt er, der langbeinige, lächelnde Bergsteiger aus Kalifornien, dem wir flüchtig in Clyde River begegnet sind, und hat Musik und riesige Vorräte dabei.

Kulinarische Überraschungen

»Baffin Babes! Welcome! Wow, check out those sleds! Can you really pull those monsters? May I try? Wow, cool! Have you had a good time? Do you guys want some biscuits? I baked them this morning. Oh, so nice dogs you have. What are their names? Wow, they are pulling that giant sled themselves! Impressive!«

Dave ist allein unterwegs. Er will neun Wochen am Sam-Ford-Fjord verbringen und einige der senkrechten Felswände in der Umgebung erklimmen. Er hat einige Erstbesteigungen vor und ist sehr ehrgeizig. Es ist jedoch nicht daran zu zweifeln, dass Dave es mehr als nur *all right* findet, Damenbesuch zu bekommen. Der Amerikaner hat sich mit Schneescootern zu seinem Basecamp bringen lassen und konnte deswegen so viel Ausrüstung und Verpflegung mitnehmen, wie er wollte. Wir hatten darauf gehofft, Mr. Turner hier vor dem Gletscher vorzufinden. Als wir ihn in Clyde River zum Tee einluden, sprachen wir nämlich davon, dass wir gemeinsam den Broad Peak besteigen könnten, falls Dave noch keines seiner Kletterprojekte in Angriff genommen habe.

Er erweist sich als ein Mann, auf den Verlass ist. Er dreht seine Anlage auf – Hip-Hop – und beginnt dann, uns seine phantastischen Kochkünste vorzuführen. In einem Spezialofen für den Campingkocher backt er uns Pizza und Brownies. In unseren eleganten Daunenhosen bewegen wir uns zu den fetzigen Rhythmen. Dann schneiden wir die Fische, die wir von den Fischern bekommen haben, in Scheiben und braten sie in der Pfanne. Buck und Anu verschlingen je einen Fisch, die haben sie wirklich verdient, und als

Damit das Brot den richtigen Geschmack erhält, zieht Vera Dave im Kreis, während er den Teig knetet.

die Abendsonne wieder hinter dem Polar Sun Spire hervorschaut, sind wir alle selig. Wir bleiben noch lange auf, nachdem der Tag zur Nacht geworden ist. Mit dem Schlafen hat es keine Eile. Morgen ist Ruhetag, heute ist Party!

Ruhetag in Daves Camp

Aus unseren Tagebüchern, 20. April:
Vera:
Lange geschlafen, zu einem wunderbaren Espresso erwacht. Die Sonne strahlte, uns war pudelwohl. Kaffee, Musik und eine Selbstgedrehte, und das Leben ist schön!

Ingebjørg:
Ein Ruhetag in Druckbuchstaben in einer phantastischen Umgebung. SONNE, null Wind und kaum etwas zu tun. Einen Großteil des Tages ohne Jacke und Mütze!

Kristin:
Ruhetag ist herrlich! Den bislang wärmsten Tag der Expedition verbrachten wir auf unserer großen Isomatte. David backte Brot, und wir aßen es noch warm mit zerlaufener Butter. Superlecker!

Emma:
Nach dem Frühstück musste ich mich übergeben, fühle mich aber am Vormittag dann schon wieder recht munter. Wunderbar, ausruhen zu können! Am Nachmittag geht es mir wieder schlechter, ich ziehe mich zurück und lege mich ins Zelt. Gerate etwas in Panik, dass das vielleicht nicht vorbeigeht. Habe es satt, so kraftlos zu sein, so kann

Vera genießt den Ruhetag in vollen Zügen.

Ein perfekter Tag zum Ausruhen: Sonne, Windstille und kaum etwas zu tun

Auch die Hunde haben ihren Spaß.

es wirklich nicht weitergehen. Jetzt habe ich schon seit fünf Tagen nichts mehr essen können. Ich erbreche mich, habe Durchfall, mir ist ständig übel, ich habe Fieber, und mir ist eiskalt.

Erbrochenes gefriert glücklicherweise rasch bei minus 25 Grad

Als ich gestern Abend in den Schlafsack kroch, rumorte es in meinem Magen. Ich hielt das für eine leichtere Nervosität vor einer großen Gipfelbesteigung. Mitten in der Nacht bekomme ich eine andere Erklärung für das scheußliche Gefühl. Mir ist ausgesprochen übel, und mir fehlen jegliche Kräfte. Ich muss mich übergeben, aber ich weiß nicht, woher ich die Kraft nehmen soll, nach draußen zu gehen. Unter Aufbietung aller Kräfte öffne ich den Reißverschluss des Vorzeltes und hänge meinen Kopf über die Kante. Was kommen muss, kommt. Dann bleibe ich lange liegen und habe nicht die Kraft, mich wieder auf meine Isomatte zu rollen. Ich muss erst ausruhen, um dann Anlauf nehmen zu können. Es gelingt mir nicht, den Reißverschluss des Zeltes wieder zu schließen. Ich friere und kann nicht schlafen. Alles tut mir weh. Bevor der Wecker klingelt, schlafe ich ein.

Vollkommen zerschlagen wache ich auf. Nichts spricht dafür, dass ich heute aus eigener Kraft eine Höhe von 2000 Metern erreichen kann. Aber dieser Ausflug hat »*once in a lifetime*«-Potenzial, und ich kenne mich gut genug, um zu wissen, dass ich neidisch und missgelaunt sein werde, falls die anderen den Gipfel ohne mich bezwingen.

Ich beschließe, zumindest den Versuch zu unternehmen. Ich kleide mich langsam an und krieche ins Vorzelt. Was heute Nacht dort gelandet ist, ist gefroren, und ich räume es einfach mit dem

Spaten weg. Ich lasse das Frühstück ausfallen, trinke aber etwas. Emma fühlt sich endlich wieder besser, ist aber natürlich nach mehrtägigem unfreiwilligem Fasten geschwächt. Ich muss lachen. Wir tun dies hier alles freiwillig. Eine Möglichkeit wäre ja gewesen, im Zelt liegen zu bleiben und Kräfte für den Weitermarsch mit den schweren Pulkas im Schlepptau zu sammeln …

Die Krönung des Glücks

Vera ist in Topform und spurt den Gletscher hinauf. Dave übernimmt die Führung über den Moränenrücken, aber der Lokomotive aus Norrland ist er kräftemäßig auf Dauer unterlegen. Es ist ein wunderbarer Tag. Die Morgensonne wirft lange Menschenschatten auf den weichen Schnee. Die Schatten Anus und Bucks erinnern an die von Hyänen. Wir sind von schroffen Felsen umgeben, vom Polar Sun Spire im Westen, The Beak und The Turret im Osten, und auf der anderen Seite des Fjords liegt in nördlicher Richtung die Südseite des Great Cross Pillar in der strahlenden Sonne.

Geradeaus vor uns sehen wir das heutige Ziel, den Broad Peak. Auf diesem Gipfel haben vor uns schon andere Norweger gestanden. Halvor Hagen legte die Route im Jahr 2000 auf Skiern zurück, als er eine Bergsteigerexpedition in diese Gegend unternahm. Einige Base-Jumper stiegen ebenfalls auf den Broad Peak, um sich mit einem kleinen Fallschirm auf dem Rücken hinabzustürzen. Obwohl in den letzten Jahren mehr Leute in diese Region kommen, erblicken wir etliche Gipfel, auf die noch nie ein Mensch seinen Fuß gesetzt hat. Die Entlegenheit und die Energie, die aufgeboten werden muss, um diese pulsierende Wildnis überhaupt erleben zu können, faszinieren mich.

Die Spitze des Broad Peak wird von einem kleinen Gletscher bedeckt.

Bald auf dem Gipfel!

Ich gehe zuhinterst und versuche Schritt zu halten. Glücklicher-weise fühle ich mich etwas besser, und ich genieße die Sonne. Als wir eine Höhe von 1200 Metern erreicht haben, vergraben wir un-sere Skier als Anker und binden die Hunde an ihnen fest. Die letz-ten 600 Höhenmeter müssen wir in Skistiefeln eine steile, vereiste Steinwüste bewältigen. Mit anderen Worten: nichts für Buck! Der große, knuffige Hund ist für solche Strapazen nicht gemacht. Das Dog-Babe Anu würde es hingegen ohne Probleme schaffen, aber es ist besser, wenn die beiden sich Gesellschaft leisten. Buck würde einen Aufstand machen, wenn ihn seine Liebste verließe.

Die anderen hinterlassen mit ihren Stiefeln eine schöne Spur im Schnee, in der ich wie auf einer Treppe aufsteigen kann. Es sollte also kein Problem sein, ihnen zu folgen, aber mein Magen ver-krampft sich, und ich fühle mich wieder ganz lausig.

»Ich leide an akuter Höhenkrankheit«, sage ich keuchend und stelle mir vor, dass ich gerade den Mount Everest besteige.

»Kopf hoch, Kris«, muntert mich Vera auf. »Es ist nicht mehr weit!«

Die Latte und die aufgeschichteten Steine markieren den exit point *der Base-Jumper auf 1600 Meter.*

Pure Schönheit auf 360 Grad

Aus Emmas Tagebuch, 21. April: »Plötzlich stehen wir alle auf dem Gipfel. Die Aussicht ist einzigartig. Überall um uns herum andere Gipfel, als würde die Welt nur aus Gipfeln bestehen.«

Ich mache immer nur einen Schritt auf einmal, langsam, langsam. Mir ist übel, und meine Glieder tun mir weh. Mein Herz hämmert, ich bekomme nur ganz schwer Luft, und meine Beine sind bleischwer. Das ist alles vollkommen wirklich und keine Mount-Everest-Fiktion. Jetzt bin ich wirklich erschöpft. Dass sich Leute Berge hochschleppen, die noch 6500 Meter höher sind als der Punkt, an dem wir uns jetzt befinden, kriege ich einfach nicht in meinen Kopf! Mein Magen krampft sich aufs Neue zusammen. Ich habe ein akutes Bedürfnis. Anschließend tröste ich mich damit, dass das hier das Klo mit der schönsten Aussicht der Welt war …

Es geht weiter sehr steil bergan, und wenig später stehen wir vor der letzten Herausforderung, einem Gletscher, der an eine Mütze erinnert, die jemand über den Gipfel gezogen hat. Dave ist uns jetzt ein ziemliches Stück voraus. Er hat Steigeisen und eine Eisaxt und bahnt sich rasch einen Weg übers Eis bergauf. Wir haben nur ein Paar Steigeisen nach Baffin Island mitgenommen und überlegen, ob wir uns damit abwechseln sollen, um so nacheinander die letzten hundert Höhenmeter zu überwinden. Das würde jedoch sehr

Auf schmalen Skiern gelingen Vera elegante Schwünge im weichen Schnee.

lange dauern, und dann müssen wir damit rechnen, erst spätabends ins Camp zurückzukehren. Doch wir sind jetzt schon acht Stunden auf den Beinen.

»Hier drüben kommen wir ohne Steigeisen hoch«, meint Emma. Sie hat einen Weg rechts von Dave gefunden. »Ich glaube, hier ist genug Schnee, dass man Halt findet.«

Wir balancieren auf den Seitenkanten der Stiefel und arbeiten uns immer weiter nach oben, bis es kein Immer-weiter-nach-Oben mehr gibt.

»Wir haben es geschafft!«, rufen wir glücklich und wie aus einem Munde.

Alle Achtung! Unglaublich! Ich fühle mich wie eine Königin. Es spielt keine Rolle, in welche Richtung ich schaue, dieses Königreich besteht rundum aus purer Schönheit. Wir genießen den Anblick der schönen Gletscher, der senkrechten Felswände, der langen Fjorde und des unendlichen Horizonts Richtung Meer. Sogar das Zelt ist als winziger Punkt 1890 Meter unter uns zu erkennen. Wir machen Luftsprünge, tanzen, singen und klatschen uns gegenseitig ab. Wir verarbeiten unsere Eindrücke, und ich empfinde eine überwältigende Freude darüber, mich im Hier und Jetzt, mitten in meinem eigenen Leben zu befinden. Es gibt keinen Zweifel: Das ist die Krönung des Glücks!

Von Krankheit zermürbt
INGEBJØRG

Wir mühen uns mit unseren von Fieber schmerzenden Gliedern, mit Erbrechen und Durchfall ab. Vor uns liegen steinige, steile Moränen, die uns alles an Muskelkraft, Teamarbeit und Geduld abverlangen. Werden uns diese Herausforderungen über den Kopf wachsen? Auch der Hunger macht uns ernsthaft zu schaffen, und die Portionen beim Abendessen wirken viel zu klein.

Erbrechen und Durchfall

Nachdem wir drei Tage lang das Lager nicht verlegt haben, ist es an der Zeit, nach Norden weiterzuziehen. Dave kommt mit. Er hat vor, uns drei oder vier Tage lang zu begleiten, unter anderem um sich das Stewart Valley anzusehen. Er macht kein Hehl daraus, dass er Lust hat, die Babes eine Weile zu begleiten. Der Wind in Walkers Arm ist frisch, und das Schneegestöber treibt das Eis den Fjord entlang. Es hüllt den unteren Teil der Berge ein, sodass diese aussehen wie Inseln in einem lebendigen, weißen Meer. Das ist sehr magisch. Es ist aber auch ziemlich kalt, mit einem Wind, der einem den Schnee ins Gesicht treibt. Aber mit Kapuze und Sturmhandschuhen wird es wieder behaglich. Vera friert trotzdem, ungeachtet der Daunenhose, Daunenjacke, Pelzmütze, den Wollhandschuhen und der normalen Polar-Uniform.

»Ich fühle mich nicht ganz auf der Höhe«, erklärt sie, und nur wenige Minuten später hat sie größte Mühe, rechtzeitig ihre Hose, Strumpfhose und Boxershorts runterzuziehen.

Die Spitze des Walker Citadel schaut aus den Wolken hervor.

Jetzt ist Vera mit Magenproblemen an der Reihe. Einige Stunden später muss ich alle Daunensachen überziehen und mit ihr um die Wette aus der Spur rennen. Ich mühe mich mit der Pulka ab, solange es geht, aber schließlich muss Vera sie von mir übernehmen. Das ist mir gar nicht recht, schließlich ist Vera auch krank. Glücklicherweise sind Kristin und Emma stark und laden sehr viel Gepäck von Veras Pulka auf ihre beiden. Die Hunde ziehen ebenfalls hervorragend, die herrschenden Schneeverhältnisse – hart und platt – machen es ihnen

Vera friert selbst in Daunenhose, Pelzmütze und Fleecejacke.

leicht. Dave ist weit voraus. Mit auf der Pulka festgezurrten Skiern wandert er zu Fuß auf dem kompakten Schnee, betrachtet die enormen Gebirgswände und plant seine Klettertouren.

Mein Körper tut weh, insbesondere der Rücken. Die Finger haben kaum die Kraft, die Stöcke zu halten, und die Riemen der Handgriffe schneiden in die schmerzenden Handgelenke ein. Vera und ich hängen über den Stöcken und gehen in die Knie, wir versuchen den Rücken zu entlasten. Gegen Ende des Tages legen wir uns in regelmäßigen Abständen hin. Knie und Rücken müssen ausruhen. Nur ein wenig. Die letzten zwei Kilometer bis zur Landzunge, die wir als Lagerplatz vorgesehen haben, sind ein Albtraum. Die Land-

Über tausend Meter hohe Felswände ragen senkrecht aus dem zugefrorenen Fjord auf. Wir verstehen, was die Bergsteiger hierher zieht.

zunge kommt einfach nicht näher. Selbst wenn ich zu Boden schaue und fünf Lieder vor mich hin singe, bevor ich wieder hochsehe, hat es nicht den Anschein, als wäre ich ihr auch nur einen Schritt näher gekommen. Ich lege mich hin und sage zu Vera, als sie an mir vorbeigleitet:

»Gute Arbeit! Ich kann deine Pulka jetzt eine Zeit lang nehmen.«

Aber ich weiß nicht, ob ich das wirklich meine. Ich glaube nicht, dass ich das geschafft hätte. Es beeindruckt mich, wie Vera weiterkämpft. Sie selbst beschreibt diesen harten Tag so:

Aus Veras Tagebuch, 23. April:

Mir fehlt jegliche Kraft. Jeder Schritt, den ich mache, fällt mir schwerer. Das Ziel ist: noch hundert weitere Schritte. Der Schnee ist perfekt, und eigentlich sollten die Skier leicht dahingleiten können, aber das tun sie nicht. Die hundert Schritte schaffe ich. Aber ich schwanke. Ich bin zittrig. Mein Körper kommt mir vor wie eine leere Hülle, die keinen weiteren, nicht mal einen winzig kleinen Schritt mehr schafft. Aber wir müssen weiter. Wir sind mitten auf dem Fjord, und den wollen wir heute überqueren. Als ich den Stock in den

Schnee stoße, um mich abzustützen und das Gleichgewicht wiederzugewinnen, hat meine Hand nicht mehr die Kraft, den Griff festzuhalten. Sie kann nicht mehr zupacken. Ich werde zusammenbrechen! Die Tränen laufen mir herab … Ein pochender Schmerz strahlt von meinem Rücken aus, als würde ich gleich in Stücke gehen. Wie ein ganz schlimmer Kopfschmerz pulsiert der Schmerz im Rücken. Emma und Kristin verschwinden aus dem vernebelten Blickfeld meiner tränenblinden Augen. Ich will, ich will, ich will! Aber ich kann einfach nicht. Es ist unmöglich, vollkommen unmöglich, mit der schweren Pulka noch einen Schritt weiterzugehen. Ingebjørg leidet. Sie hängt über ihren Stöcken und muss sich vermutlich bald übergeben. Emma kommt auf mich zu. Ich sage nichts und lege einfach nur das Geschirr ab. Der eine Stock fällt auf die Erde. Wer soll ihn aufheben? Emma ist bereits weiter Richtung Lagerplatz gegangen. Ich lehne

mich langsam zur Seite und falle um. Liege ich nur lange genug da, werde ich mich in eine Schneewehe verwandeln. Dann werde ich eins mit der Natur werden. Ist es nicht das, was ich will? Emmas Stimme dringt durch das Geräusch des Windes: »Komm schon! Du schaffst das! Nur noch ein kleines Stück!« Aber ich habe

Ich bin erschöpft und habe Magenprobleme. Bei jeder Gelegenheit ruhe ich mich aus.

verdammt noch mal keine Kraft mehr, denke ich. Ich habe mich so sehr wie nur möglich angetrieben. Ich sammle mich, mein ganzes Ich, und halte die Luft an. Das Einzige, was du tun kannst, Vera, ist, ein Bein vor das andere zu setzen und zum Lagerplatz zu gehen. Das ist deine einzige Aufgabe. Tu es JETZT!

Schließlich kommen wir wirklich an und bauen das Zelt auf. Emma und Kristin sorgen dafür, dass Vera und ich in den Schlafsack kommen, bevor sie singend die restlichen Aufgaben in Angriff nehmen.

Abschied von Dave

»Ingebjørg!«, ruft Kristin. »Eisbär!«

Mit Mühe erwache ich aus dem Halbschlaf und krieche so schnell wie möglich aus Schlafsäcken und Zelt. Nur habe ich nicht mitbekommen, dass Kristin gar nicht beunruhigt klang. Ich bin also etwas verwirrt, als ich Dave und die Mädels ruhig vor dem Zelt stehen sehe. Sie unterhalten sich und lachen und schauen abwechselnd durchs Fernglas.

Emma reicht es an mich weiter. »Auf der anderen Seite des Fjords ist eine Bärenmutter mit Jungem.« Sie deutet dorthin.

Ich atme erleichtert auf, als mir klar wird, dass die Bären mehr als zwei Kilometer entfernt sind. Dave ist nicht so erleichtert, auch wenn er keine sonderliche Angst vor Eisbären hat. Als wir ihn in Clyde River trafen, hatte er nicht einmal die Absicht, Waffen mitzunehmen, bis wir ihm einige Schreckgeschichten erzählten und einige gute Ratschläge gaben. Jetzt ist er froh, ein Gewehr dabei zu haben, denn die beiden Bären bewegen sich auf sein Camp zu. Er ist ratlos. Soll er uns zum Stewart Valley begleiten, oder soll er

Essen und Ausrüstung für die nächsten 45 Tage davor bewahren, eventuell Eisbärenfutter zu werden? Wir empfehlen Letzteres, bereuen es aber, als er bereit ist, die 18 Kilometer zurück zu seinem Lager in Angriff zu nehmen.

»This was a pity! I brought stuff to make bread, brownies and three pizzas for you girls.«

Pfadfinder, sei bereit!

Während Emma und Kristin das Lager zusammenpacken und ich in meiner Daunenjacke dasitze und vor mich hin dämmere, schnallt Vera ihre Skier an, um einen guten Weg durch die Moräne zu suchen, die zwischen uns und dem Stewart Valley liegt. Glücklicherweise geht es Vera heute viel besser, obwohl sie nicht hundertprozentig in Topform ist. Ich dagegen fühle mich kein bisschen besser, alle Glieder tun mir weh. Eigentlich war geplant, dass ich im Zelt liegen bleiben sollte, während die anderen die Pulkas über die Moräne ziehen würden, aber nachdem wir die Eisbären gesehen haben, ist mir die Lust dazu vergangen.

»Ich spiel dann mal den Pfadfinder«, verkündet Vera.

»Und wo hast du dein Pfadfinderhalstuch?« Emma lächelt.

»Hör auf!« Vera verdreht die Augen.

»Ohne geht's nicht!«, sagt Kristin, und Emma bindet ihrer Schwester ihren burgunderroten Schal ordentlich um den Hals.

»Jetzt bist du bereit!« Emma klopft Vera, die sich mit ihren Stöcken abstößt, auf die Schulter.

Ich sitze grinsend auf einem Stein und frage mich, ob all die Jungs auch so viel Unsinn auf ihren Expeditionen reden.

Moränenstrapaze

Obwohl Vera einen guten Weg in die riesige Moräne gefunden hat, wird es fürchterlich anstrengend. Für die knapp drei Kilometer benötigen wir zwei Tage. Stellenweise liegt viel Geröll, und wir müssen uns im Zickzack zwischen den Steinhaufen hindurchbewegen. Buck und Anu nehmen oft den direkten Weg über die Schutthügel und bleiben dauernd hängen. Steile Hänge erfordern viel Anstrengung, sowohl bergauf als auch bergab. Mehrmals müssen wir eine einzige Pulka zu zweit oder sogar zu dritt weiterziehen. Am ersten Tag versuche ich noch mitzuhelfen und ziehe die Hundepulka von den Steinen weg, richte eine umgekippte Pulka auf oder schiebe an einem Hang eine andere an, aber am zweiten Tag habe ich schon genug damit zu tun, mich selbst vorwärtszuschleppen.

Am 25. April schreibe ich in mein Tagebuch:
Ich bin jetzt schon den dritten Tag krank und habe es wahnsinnig über. Heute mühten sich die Mädels mit den Pulkas an einer steilen

Gelegentlich, wenn wir einen Kamm überquert haben, verlässt uns fast der Mut. Ein Moränenrücken löst den anderen ab. Nimmt das denn nie ein Ende?

Moräne ab. Ich konnte ihnen kein bisschen helfen. Ich ruhte mich auf jedem brauchbaren Felsen aus oder schlief hinter einer Pulka, während sich die anderen die Hänge rauf und runter mühten. Es läuft seit zwei Tagen nur so aus mir heraus, und ich habe fast nichts essen oder trinken können. Glücklicherweise musste ich mich heute nicht übergeben, aber meine Kräfte sind gleich null.

Aus Veras Tagebuch, 25. April:
Ingebjørg geht es schlecht, richtig schlecht. Ich sehe, wie sie leidet, wenn sie sich bewegt, dass sie eigentlich mithelfen will, aber keine Kraft hat. Sie hat kaum die Kraft, selbst voranzukommen.

Es ist wirklich kein Spaß, krank zu sein! Es ist wahnsinnig schwer, Ski zu laufen, wenn man keine Kraft hat, wenn einem alles weh tut und man mehrmals pro Stunde schnell die Hosen runterlassen muss. Mir ist ständig kalt, als hätte der Körper nicht mehr die Energie, sich warm zu halten. Speziell die weniger wichtigen Extremitäten kühlen aus. Die Finger frieren in dicken Fausthandschuhen aus

Manchmal nützt es nicht einmal, dass drei Babes eine Pulka ziehen und schieben. Dann müssen wir das Gepäck ausladen und die Hänge hochtragen.

Wolle und Sturmhandschuhen. Ich versuche, etwas mit den Armen zu wedeln, schaffe es aber immer nur fünf oder sechs Mal. Am zweiten Tag auf der Moräne gelingt es mir, bei nur minus fünf Grad und obwohl es windstill ist, dass mir ein paar Fingerspitzen erfrieren. So etwas passiert nur Amateuren! Außerdem muss sich der Rest des Teams mehr abrackern. Sobald Kristin einen Kamm erreicht hat, macht sie sich von ihrer Pulka los und geht wieder runter, um den Hunden zu helfen.

»Super, Emma!«, stößt Vera atemlos hervor, während sie sich am starken Leichtgewicht des Teams vorbeikämpft.

Emma geht bei jedem Schritt in die Knie, um ihre Pulka nach oben zu bewegen. Sobald Vera oben ist, rennt sie wieder nach unten, um bei Emmas Pulka anzuschieben. Am nächsten Hang sind die Rollen dann vielleicht vertauscht, oder die Mädels entschließen sich, alle zusammen eine Pulka zu ziehen. Sie arbeiten zusammen und sind ein unglaublich gutes Team. Niemand ist nachlässig, zickt rum oder jammert. Alle muntern sich gegenseitig auf, loben sich oder klatschen sich gegenseitig ab. Emma hängt fast waagerecht im Geschirr, nachdem sie die Skier abgeschnallt hat. Manchmal kriecht sie auf allen vieren, gelegentlich funktioniert es besser, sich wie eine Ente in der Hocke vorwärtszubewegen.

Aus Veras Tagebuch, 25. April:
Auf, auf! Es ist steil und geht langsam, sogar dort, wo es bergab geht. Vereinzelt stoßen wir auf Tiefschnee und einmal auf einen fast vertikalen Hang. Wir müssen acht oder neun Mal hin- und hergehen und alle Pulkas umpacken. Aber ich liebe diese Plackerei, sie erfüllt einen mit enormer Zufriedenheit.

Gesunde Babes

Vierzehn Tage nachdem wir Clyde River hinter uns gelassen haben, sind endlich alle gesund. Im Laufe dieser zwei Wochen war immer eine von uns krank oder kränkelnd. Jeden Tag konnte eine keine Pulka ziehen, weil sie genug damit zu tun hatte, sich selbst vorwärtszuschleppen. Vierzehn Tage! Das ist wirklich recht lange. Wenn wir jetzt weniger Zeit gehabt hätten oder wir uns diese 14 Tage durch hohen Schnee oder schwieriges aufgetürmtes Packeis hätten kämpfen müssen? Wenn es uns statt zwei Tagen auf der Moräne eine Woche lang schlecht gegangen wäre? Wenn es in dieser Krankheitsperiode minus dreißig und nicht zwischen minus zwanzig und minus fünf Grad kalt gewesen wäre? Wären wir dann durchgekommen, oder hätten wir nach Clyde River umkehren oder uns abholen lassen müssen? Darüber denke ich sehr viel nach und bin unglaublich froh, dass wir bei der Vorbereitung unserer Expedition genug Zeit für Umwege, Zeit zum Genießen oder eben auch Zeit zum Kranksein, wie gerade geschehen, eingeplant haben. Im

Bergab kann es ebenso anstrengend sein wie bergauf, wir müssen die Pulkas oft zu zweit weiterwuchten: Eine zieht, die andere steuert.

Augenblick hinken wir dem Zeitplan etwas hinterher, aber wir haben genügend Spielraum, um doch noch rechtzeitig ans Ziel zu kommen. Außerdem sind wir jetzt, wo alle gesund sind, schneller. Wir können, wenn nötig, einen Zahn zulegen. Ich denke darüber nach, welch eine fürchterliche Enttäuschung es gewesen wäre, wenn wir uns nach diesen 14 Tagen hätten abholen lassen müssen. Der Gedanke, dass uns noch 36 Tage zur Verfügung stehen, gefällt mir. Wir sind gesund, und ich habe das Gefühl, dass uns noch eine Ewigkeit bleibt.

Die Belohnung: Stewart Valley

Aus Emmas Tagebuch, 25. April:

Das Stewart Valley weitet sich vor uns, senkrechte Felswände tauchen eine nach der anderen auf, vollkommen glatt. Sie schließen uns ein und geben uns die Kraft, den letzten Moränenrücken zu überwinden. Kristin und ich ziehen, und Vera schiebt. Wir rackern uns gemeinsam ab, und es gibt mir ein gutes Gefühl, dass wir uns zusammen als Team abmühen. Ich denke darüber nach, wie anstrengend das alles gewesen wäre, wenn ich diese Reise zusammen mit anderen Leuten unternommen hätte, Leuten, mit denen ich mich nicht wohlgefühlt hätte; dann wären diese Moränendschungel irre anstrengend gewesen. Aber mit den Babes bin ich vollkommen zufrieden. Auf dem »Gipfel« gibt es Heidelbeercreme und Schokolade. Ganz Stewart Valley liegt vor uns. Das verborgene Tal. Es ist, als müsse man kämpfen, um hineinzufinden, sich abrackern, um diese enorme Schönheit wirklich wertschätzen zu können.

Nach einer Krankheitsperiode von fast zwei Wochen ist es wunderbar, dass alle wieder gesund sind und das Stewart Valley genießen können.

Ein paar Millimeter Schnee bedecken das Eis – eine perfekte Unterlage. Buck und Anu rennen im Zickzack das Tal entlang.

Als die Wolkendecke aufreißt, die Sonne hervorschaut und das Stewart Valley magisch vor uns liegt, sind wir uns alle einig, dass dies die beste Belohnung ist, die uns nach zwei Tagen der Prüfungen auf der Moräne zuteilwerden kann. Wir gleiten über den zugefrorenen See am Ende des Tals. An einigen Stellen hat es den Schnee weggeweht, und wir bewegen uns über blaues, blankes Eis. Die Risse und Blasen im Eis bilden Muster. Wir gehen über eine riesige Kunstausstellung. Ein sauber gefegter Eisfleck ist ein Bild, und dreißig Meter weiter erwartet uns ein ganz anderes Bild. Hinter uns liegt ein Strand mit feinstem Sand, und um uns herum ragen die Berge auf. Es hat den Anschein, als wäre jemand mit einer riesigen Schleifmaschine die Bergwände entlanggefahren, denn sie sind ganz glatt. Vom Tal aus gesehen scheinen einige Wände keinen einzigen Spalt aufzuweisen. Während ich weitergehe, konzipiere ich im Kopf eine Unterrichtsreihe für das Fach »Kunst und Handwerk«, die Kameras klicken fast unablässig, und in einer Nacht träumt Vera, dass sie Künstlerin ist.

Aus Veras Tagebuch, 27. April:
Ich fliege förmlich über das Eis. Nallaqtaq Peak ragt stolz auf. Er ist so unglaublich gewaltig! Eine Ruhe bemächtigt sich meiner, und der Flow, den wir auf der ersten Etappe hatten, stellt sich wieder ein. Wir gehen jede für sich, und die Gedanken heben förmlich ab. Ich überlege mir, ob der Rabe, der vorbeifliegt, an Zeit denkt, seinen Tag plant? Oder ist alles Instinkt? In meinen Träumen letzte Nacht war ich Künstlerin. Ich stand in einem Schneesturm und schuf Kreationen aus Styropor, Draht und Schwarz-Weiß-Fotografien.

Kein Zweifel, diese Landschaft ist inspirierend.

»Very rocky«

Obwohl die Schneebedingungen gut sind, fressen wir keine Kilometer. Es ist zu schön, als dass wir uns beeilen wollten. Trotzdem nähern wir uns dem Ende des Stewart Valley. In einem Reiseführer haben wir gelesen, dass uns dort eine weitere Moräne erwartet, die wahrscheinlich schlimmer ist als die letzte. Diese Moräne wurde als »*very rocky*« beschrieben – voller Geröllschutt –, während es über die, die wir bereits niedergerungen haben, hieß, sie sei mit »*steady pull*«, mit kontinuierlicher Anstrengung, zu bewältigen. Aber es gibt keinen Grund, sich schon vorher den Kopf zu zerbrechen, wir schieben diese Gedanken also beiseite und gehen davon aus, dass wir die Probleme, die eventuell auftreten, dann lösen werden, wenn sie auftauchen. Das ist etwas, was ich am meisten daran schätze, lange unterwegs zu sein: dass man im Hier und Jetzt weilt. Es gibt keine Unmenge Dinge, die man tun kann, tun muss, tun sollte oder vielleicht schon längst getan haben sollte, wie das so oft im Leben in der Zivilisation der Fall ist. Hier in der

Das Stewart Valley ist als windig und schneearm verrufen. Wir spüren jedoch kaum ein Lüftchen und finden ausreichend sandfreien Schnee zum Kochen und Trinken.

Wildnis gibt es keinen Grund, über Dinge zu grübeln, die hätten erledigt sein sollen, bevor wir losgezogen sind, oder über Probleme und Herausforderungen, die uns nach unserer Rückkehr erwarten. Wir können, was diese Dinge betrifft, im Augenblick ohnehin nichts unternehmen. Hier draußen müssen wir eigentlich nur daran denken, dass wir eine sichere Route wählen und genug essen und schlafen. Das ist herrlich einfach!

Als wir die Moräne, die uns erwartet, zum ersten Mal sehen, halten wir mit offenen Mündern inne. Kaum suchen mich pessimistische Gedanken heim, da sagt unsere ewige Optimistin Kristin auch schon munter:

»Wir sind noch so weit weg. Wir sehen sicher einen Weg, wenn wir näher kommen.«

Das ist nicht der Fall! Die Moräne ist noch genauso massiv und Furcht einflößend, als wir hundert Meter von ihr entfernt sind. Eine Barrikade aus Sand und Stein sperrt die gesamte Talsohle bis zu den steilen Felswänden auf beiden Seiten ab. Kaum ein Schneefleck ist zwischen dem Geröll zu erkennen, und wir sehen schnell ein, dass keine Möglichkeit besteht, die Pulkas über die Moräne zu ziehen. Müssen wir die Schlitten also mehr als drei Kilometer weit tragen? Immer wieder hin- und herlaufen? Schon allein die Moräne ohne Pulka zu ersteigen dürfte anstrengend sein. Die gesamte Ausrüstung zu schleppen wird unendlich viel Zeit und Kräfte kosten, deswegen müssen wir erst alle anderen Alternativen und Möglichkeiten erkunden.

Kristin meldet sich als Pfadfinderin und klettert seitlich den Hang hoch, um herauszufinden, ob man sich vielleicht an der Moräne vorbeimogeln kann. Vera, Emma und ich setzen uns auf eine Pulka, um die Landkarte genauestens zu studieren. Von dort aus können wir sehen, wo sich das sommerliche Schmelzwasser seinen Weg bahnt. Die Vorstellung, dort mit Skiern und Pulkas entlangzuziehen, wirkt jedoch nicht sonderlich einladend. Wir könnten dem Weg des Wassers vielleicht einige Hundert Meter oder einen Kilometer weit folgen, aber unsere Erfahrung mit Moränen sagt uns, dass sich diese Route wohl kaum weiter als drei Kilometer weit begehen lässt. Auf der Landkarte ist allerdings deutlich zu sehen, dass im Sommer ein Flusssystem die gesamte Moräne durchzieht. In ihr liegen zwei Seen, die mit blauen, aber recht dünnen Strichen, verbunden sind.

»Möglich. An der Felswand entlang gibt es jedenfalls keinen guten Weg«, weiß Kristin zu berichten, als sie von ihrem Auftrag zurückkehrt.

Wir beschließen, den Versuch zu unternehmen, dem Wasser zu folgen.

Mondlandschaft

Mit gebeugten Rücken begeben wir uns durch das Schwarze Tor ins Reich des Bösen. Auf beiden Seiten ragen Wachtürme auf. Aus Rissen in der Erde schießt Feuer aus dem Inneren der Erde hoch, und schwarze Felsen rollen bedrohlich von den Hängen herab. Meine Phantasie schlägt Kapriolen. Ich wechsele ab, einmal bin ich Frodo, aus *Der Herr der Ringe* auf dem Weg ins böse Mordor, um meinen Auftrag zu erfüllen, dann wieder bin ich Neil Armstrong, als er seine ersten Schritte auf dem Mond macht.

Es fasziniert uns, die Moräne zu überqueren. Die Landschaft ist unfruchtbar und hart. Kleine Türme aus Steinen und Eis sind dort zurückgeblieben, wo das Schmelzwasser im Laufe der Sommer das meiste Geröll mitgerissen hat. Obwohl die Moräne nicht sonder-

Wir brechen stellenweise im Schnee ein, rutschen immer wieder aus und

lich hoch ist, ragt sie dreißig Meter über uns auf, und ständig finden große und kleinere Steine von dort ihren Weg ins Flussbett.

»Ich glaube, das hier geht super!«, ruft Vera zufrieden von einem Berg aus Felsbrocken aus, auf den sie geklettert ist, um nach einem passierbaren Weg Ausschau zu halten.

Wenig später stoßen wir auf das erste Hindernis. Zwei sehr kleine, aber sehr steile Geröllrücken versperren uns den Weg. Wir mühen uns jetzt alle zusammen mit einer Pulka ab. Zwei ziehen und zwei schieben. Auf der ersten Kuppe angekommen müssen wir uns anders organisieren. Zwei halten die Pulka hinten fest, und zwei gehen mit möglichst langen Seilen voran in die Talsohle zwischen den beiden Rücken.

»Fertig?! Bei drei lassen wir los.«

»Eins, zwei, DREI!«, rufen Kristin und Emma im Chor und lassen die Pulka los.

Vera und ich rennen die Seite des zweiten Rückens hoch und ziehen an den Seilen, sodass die Pulka unbeschadet an Felsbrocken

fallen hin. Ständig müssen wir die Pulkas um Steine herumbugsieren.

vorbei hinab- und den entgegengesetzten Hang halb hinaufsaust. Dieser Hang ist nicht ganz so steil, es gelingt uns also zu zweit, die Pulka ganz nach oben zu ziehen.

Nachdem alle Pulkas das Hindernis überwunden haben, sind wir bereit für die nächste Herausforderung. Es geht schräg bergab, dann kommt spiegelglattes Flusseis auf einem immer noch sanften Abwärtshang, an dessen Ende uns große Steine und eine Slalomloipe aus dicht an dicht liegenden Felsbrocken erwarten.

Vera und Kristin meistern den Schräghang und das spiegelglatte Eis elegant. Emma jedoch scheint auf dem vereisten Fluss ein wenig die Kontrolle zu verlieren, und einen Augenblick lang hat es den Anschein, als würden sie und die Pulka direkt auf die Felsen zugleiten. Der Hang ist nicht steil, es ist also nicht allzu gefährlich, aber es kann schon einigermaßen wehtun, zwischen einen Felsbrocken und eine achtzig Kilo schwere Pulka zu geraten. Glücklicherweise gewinnt Emma die Kontrolle zurück und segelt geschmeidig auf dem Schnee weiter.

Jetzt bin ich an der Reihe. Ich habe das Glück, auf diesem Wegstück mit der blauen Pulka unterwegs zu sein, die immer umkippt. Sie kippt vier Mal um, bevor wir den vereisten Fluss erreichen. Dort schlittert sie unkontrolliert hin und her, aber am schlimmsten benimmt sie sich auf der Slalomloipe. Als sie zum achten Mal auf wenigen Metern umkippt, hagelt es Schimpfworte und Beschuldigungen. Ich werfe ihr vor, sie betrinke sich mitten am helllichten Tag. Es macht mich total verrückt, dass sie dauernd umkippt, und ich versuche, die Ladung umzupacken, damit die Pulka stabiler läuft. Aber das nützt kaum etwas. Hinter mir unterhält sich Emma halblaut mit ihrer eigenen Pulka. Das tut sie oft auf schwierigen Wegabschnitten.

»Komm schon! Hier ein wenig nach links. Gut. Warte, warte, warte! Jetzt nicht so schnell. Nur an diesem Felsblock vorbei, dann sind wir durch. Wunderbar!«

Das alles kostet viel Zeit. Wenn es auf drei Kilometern so weitergeht, dann haben wir diese Moräne erst in zwei oder drei Tagen hinter uns. Wir diskutieren die Route aufs Neue. Emma und ich sind unsicher, ob der Fluss wirklich der beste Weg ist. Wir halten es für eine gute Idee, umzukehren und lieber einen Weg parallel zum Hang zu suchen, ehe wir zu viel Zeit und Kraft darauf verschwenden, die Hindernisse zu bewältigen, um dann doch umkehren und dieselben Hindernisse auf dem Rückweg ein weiteres Mal überwinden zu müssen. Kristin, die immerhin einen Weg am Berg entlang gesehen hat, will über die Moräne, und Vera hat wieder so ein Gefühl, dass alles viel besser wird, wenn wir nur einige Hundert Meter weitergekommen sind.

Übers Wasser gehen wie Jesus

In Zukunft werde ich mich immer auf Kristins und Veras Gefühl verlassen. Nach einer Plackerei von drei- oder vierhundert Metern tut sich eine abschüssige Eisstraße auf, auf der wir spielend leicht weiterkommen. Die Pulkas bewegen sich von selbst, und wir glei-

Im Gibbs-Fjord scheint uns die Sonne direkt ins Gesicht. Sonnenschutzfaktor 50 ist hier nicht ausreichend.

Kristin fährt bergab. Spielend leicht überwinden wir die Moränen, vor denen uns zwei Tage lang gegraut hatte.

Nach tagelanger enger Zusammenarbeit bei der Überquerung der Moränen ist es gut, dass jetzt wieder jede für sich gehen kann.

Wir schweben über den Fluss, wir fliegen!

ten mühelos bergab. Auf dem Eis liegt eine dünne Schicht Schnee, sodass wir perfekte Haftung haben und steuern können. Nach einigen Stunden größter Anstrengung, in denen wir nicht sonderlich weit gekommen sind, ist es wunderbar, auf einen besonders leichten Wegabschnitt zu stoßen. Plötzlich läuft alles. Wir brauchen uns nicht mehr auf das Weiterkommen zu konzentrieren und können nach oben schauen und die Landschaft, an der wir vorbeisegeln, genießen. Ich kann kaum glauben, dass dieses Glück von Dauer sein soll, und erwarte ein wahnsinnig steiles Geröllfeld, wo die Moräne aufs Meer trifft. Stattdessen fließt der Fluss ganz friedlich ins Meer – und wir mit ihm.

Wir bauen das Zelt auf einer kleinen Landzunge auf. Während die letzten Strahlen der Abendsonne auf Refugee Harbour scheinen, läuft ein Polarfuchs hundert Meter vom Camp entfernt über den Fluss. Das klingt vielleicht nach einem Klischee, aber so schön ist es im Augenblick, ein Babe auf Baffin zu sein.

Hunger

Auf der Karte ähnelt das Terrain des Gibbs-Fjordes jenem des Sam-Ford-Fjordes. Beide Fjorde sind von hohen, stei-

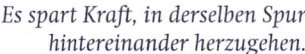

Es spart Kraft, in derselben Spur hintereinander herzugehen.

len Bergen umgeben, aber die Berge am Gibbs sind bei Weitem nicht so glatt wie die am Sam Ford. Sie haben Absätze und erinnern an einen Baumkuchen.

Baumkuchen! Ich muss an Weihnachtsgebäck und Weihnachtsessen denken. Plötzlich verspüre ich eine wahnsinnige Lust auf ein fettes Rippchen mit Erbspüree. Ich bin hungrig und froh, dass die nächste Pause in zehn Minuten ist. Dann gibt es Haferflocken in Heidelbeercreme. Wir laufen sehr diszipliniert. Nicht militärisch, aber nach einem festen Plan. Wir gehen eine Stunde, legen eine Pause ein, um etwas zu essen und zu trinken, tauschen die Pulkas und gehen eine weitere Stunde. Die Pulkas tauschen wir ebenfalls nach einem bestimmten System, eine von uns zieht keine Pulka, solange die Hunde sie übernehmen können.

So vergehen die Tage. Einige Pausen sind länger als die anderen, aber ohnehin fallen die meisten in der Regel etwas länger als geplant aus. Es ist schön, in der warmen Sonne zu sitzen, sich zu unterhalten, die Zehen zu lüften, mit den Hunden zu spielen und sich einfach zu entspannen. Jede von uns nimmt das Essen in einer bestimmten Reihenfolge zu sich, je nachdem, was ihr am besten schmeckt. Aber es ist wichtig, das Essen in Rationen einzuteilen, damit wir auch noch während der letzten Pausen des Tages etwas haben. Kristin gelingt das nicht so gut. Sie verputzt bereits in der ersten Pause einen großen Teil ihrer Schokolade und Nussmischung, und man hört sie recht häufig jammern:

»Oje! Schon wieder der ganze Proteinriegel weg!«

Alle haben jetzt Hunger. Sogar Emma und ich. Wir merken, dass der Körper nach immer mehr Essen verlangt. Am schlimmsten ist es für Vera und Kristin. Sie werden ernsthaft hungrig. Nach dem warmen Abendessen hätten sie gern noch eine weitere warme Mahlzeit, aber die gibt es nicht.

»Vera! Kannst du mir den Salat reichen?«, fragt Kristin.

»Natürlich«, antwortet Vera. »Willst du auch noch ein weiteres Käsebrot?«

»Ja! Und bitte auch das gute Olivenöl. Dazu gern auch noch etwas Schafskäse.«

Vera streckt Kristin ihre leeren Hände entgegen, diese greift zu, träufelt Öl über den Salat und fängt an zu essen.

»Diese Tomaten waren wirklich lecker.« Kristin lehnt sich mit einem sehnsüchtigen Seufzer zurück.

Veras und Kristins imaginäre Festmahlzeiten sind keine Seltenheit. Emma versteht nicht, wie sie sich selbst nur so quälen können, aber die beiden behaupten, es würde helfen. Sie genießen es, an das viele gute Essen zu denken.

Schokoladensparkasse

Vera ist disziplinierter als Kristin, wenn es darum geht, das Essen so aufzuteilen, dass es den ganzen Tag reicht. Obwohl Vera sich zu Beginn des Tages ebenfalls eine große Handvoll Nüsse gönnt, hat sie am Ende des Tages immer mehr Essen übrig als Kristin.

Schokolade ist wichtig, um genügend Kalorien aufzunehmen.

Emma und ich sind laut Kristin geizige Mäuschen, und in der Regel haben wir beide vor dem Abendessen immer noch ein Stück Schokolade oder auch zwei im Zelt übrig. Obwohl Kristin sich alle Mühe gibt, ihre Vorräte sinnvoller einzuteilen und ein Stück Schokolade für das Zelt aufzuheben, gelingt es ihr nicht.

Aus Kristins Tagebuch, 1. Mai:
Ich bereite das Abendessen zu und bin wirklich hungrig. Habe heute eine Reserveschokolade verdrückt, eine Tafel, die eigentlich eine ganze Woche hätte reichen sollen. Emma hat früher schon gesagt, dass ich keinen Charakter besitze. Ich muss ihr recht geben. Morgen wollen wir etwa 15 Kilometer zurücklegen und an Land auf dem Bruce Mountain zelten. Anschließend geht es ein paar Tage über Land. Wunderbar. Mir gefällt es immer noch wahnsinnig gut auf Baffin! Im Übrigen gibt es eine Menge süßer Robben im Fjord.

Kristins Wunsch, auch abends ein Stück Schokolade zu essen, ist so groß, dass wir eine Schokoladensparkasse einrichten. An Ruhe-

Unser Abendessen besteht aus gefriergetrockneten Speisen.

tagen, wenn wir nicht die gesamte Nussration essen müssen oder wenn eine zusätzliche Schokolade in der Essenstüte liegt, hält Kristin ein paar Stücke für ihre Reserve zurück. Die Regeln lauten folgendermaßen:

1. Nur eine Auszahlung pro Tag.
2. Die Sparkasse ist nur zwischen Abendessen und Schlafen-gehen geöffnet.
3. Egal wie sehr Kristin bettelt, sie bekommt nur ein Stück.

Emma ist unerbittlich, aber Kristin erhält jetzt jeden Abend ein Stück Schokolade. Dieses wird mit so großem Genuss verspeist, dass man kaum glauben mag, dass es sich nur um ein Stück Schokolade handelt.

Essen pro Person

Frühstück: 4 dl Haferbrei mit Nüssen und Dörrobst sowie einem Schuss Speiseöl

Mittagessen, das sich über den ganzen Tag hinzieht:

100 g Nüsse und Dörrobst

100 g Schokolade

1 Proteinriegel

1 Powerriegel (Karbohydrate)

1 l heiße Heidelbeercreme

Abendessen: Doppelte/große Portion gefriergetrocknetes Essen mit einem Esslöffel Speiseöl

Zu Beginn aßen wir morgens 4 dl Haferflocken. Später aßen wir etwa die Hälfte der Flocken morgens und mischten den Rest im Laufe des Tages in die Heidelbeercreme.

Frühling auf Baffin

Aus Kristins Tagebuch, 1. Mai:

»Wahahahahaha, wruwruwru, wähähähä!«

Mitten in der Nacht steht jemand vor unserem Zelt und lacht aus vollem Hals. Erst war dieses laute Geschrei Teil eines Traums, bis ich daraus erwachte und feststellte, dass ich mich hier auf Baffin Island befinde.

In der Nacht zum 1. Mai erwachen wir von einem gewaltigen Lärm. Die Geräusche vermischten sich mit unseren Träumen, und wir sind alle etwas verwirrt, als wir die Augen aufschlagen. Was ist los hier?

»Sind die Gänse gekommen?«, meint Vera.

Die Geräusche kommen näher. Es hört sich nicht nach irgendeinem Vogel an.

»Ich geh mal nachsehen.« Kristin zieht sich etwas über die Füße und verlässt das Zelt. »Ein ... Fuchs!«

Der Frühling ist eingekehrt, und wir hören nicht nur die Vögel zwitschern, sondern treffen auch auf Polarfüchse.

Kristin stutzt erst, ist sich ihrer Sache dann aber sehr sicher. Ich will auch einen Blick auf den Fuchs werfen und muss außerdem pinkeln, krieche also hinter Kristin her aus dem Zelt. Ein kleines, weißes, pelziges Wesen huscht in eleganten Sprüngen das Geröllfeld hinauf. Auf einmal bleibt es stehen, wirft den Kopf nach hinten und stößt wieder diese gelächterähnlichen Geräusche aus. Von der anderen Seite eines kleinen Bergrückens kommt eine Antwort. Oder ein Echo? Nein, das ist ein anderer Fuchs. Werden wir Zeugen einer Romanze? Oder handelt es sich um einen Revierstreit? Oder sind sie sauer, weil wir in ihrem Revier campen? Uns fehlt die Antwort, und wir nehmen uns vor, mehr über Polarfüchse in Erfahrung zu bringen, wenn wir wieder zu Hause sind.

Polarfuchs (Alopex lagopus), auch Blaufuchs genannt

Der Polarfuchs wird 55 bis 60 Zentimeter lang und zwischen 2,5 und 5 Kilo schwer. Der Winterpelz ist extrem dick und besteht aus Unterpelz und langen Deckhaaren. Der Sommerpelz ist braun-grau oder braun-beige. Den Polarfuchs gibt es auch in einer Variante, deren Winterfell anthrazitgrau mit blauem Stich, kastanienbraun oder gar schwarz ist. Vertreter dieses Farbschlags heißen Blaufuchs und sind verglichen mit dem weißen Polarfuchs extrem selten.

Der Polarfuchs lebt in allen arktischen Tundrahabitaten. In Skandinavien gilt die Spezies als bedroht, aber in anderen arktischen Gebieten ist sie sehr weit verbreitet. Die Füchse im Hinterland leben hauptsächlich von Lemmingen, die an der Küste von Vögeln und Aas.

Als wir einige Stunden später wieder aufwachen, hören wir zum ersten Mal auf dieser Tour Vögel in den Bergen hinter dem Zelt zwitschern. Schneespatzen? Selbst mit dem Fernglas sind die Vögel zu weit weg, als dass wir das entscheiden könnten. Schneespatzen kehren bereits sehr früh in die arktischen Gebiete zurück. Es ist also sehr gut möglich, dass es sich um diese Vögel handelt. Als wir zwei Stunden später unten auf dem Fjord stehen, die Skier angeschnallt haben und die Etappe dieses Tages in Angriff nehmen wollen, hoppelt ein ganz weißer Hase über den Lagerplatz. Der Frühling ist endgültig nach Baffin Island gekommen.

Auf Skiern in Top und Hotpants

Die Tage beginnen jetzt um fünf Uhr. Wir müssen so früh aufstehen und so viel Strecke machen wie möglich, solange es noch ein wenig kalt ist. Die Sonne brennt später am Tag recht stark, und nachmittags wird es so warm, dass der Schnee weich wird. Dann ist

Die Sonnengöttin Kristin ist froh, dass immer mehr Haut die Sonne begrüßen darf!

jeder Schritt anstrengend. Wir reißen uns die Kleider vom Leib. Ich finde, Wollpullover und Strumpfhose sind nötig, aber die anderen scheinen eine höhere Körpertemperatur zu haben und wandern halb nackt auf dem zugefrorenen Meer herum.

Aus Kristins Tagebuch, 1. Mai:
Eine Weile war ich heute nur in Hotpants unterwegs. Die Sonne war warm und wunderbar. Die Berge sind sehr schön, die Schneeverhältnisse erstklassig, und wir gleiten mühelos dahin. Die Simonssons hängen ihren Busen in die Sonne, und auch den Hunden scheint es zu warm zu sein. Ich finde es einfach super!

Aus Veras Tagebuch, 2. Mai:
Warm. So warm war es bislang noch nie. Die Sonnenbrille beschlägt in null Komma nichts. Ich glaubte schon, Emma und Ingebjørg vor mir hätten die Pause vergessen, denn es kam mir so vor, als wären zwei Stunden verstrichen, als sie schließlich anhielten ... Mir läuft der Schweiß nur so runter. Ich biss ein großes Stück vom Powerriegel ab und bat um Wind, und tatsächlich kam Wind auf, und meine Kräfte kehrten rasch zurück. Es ist wichtig, dass es einem nicht zu warm wird. Dann werde ich vollkommen schlapp.

Wenig später bekommen wir zu spüren, dass wir uns immer noch im Winterland befinden. Der Wind frischt auf, und wir müssen uns wieder Hosen und Jacken anziehen. In den Pausen bibbern wir in unseren Fleecejacken und denken an die Pausen des Vortags zurück, die wir in Strumpfhosen verbrachten. Dabei überlegen wir auch, dass wir bald wahrscheinlich noch früher aufstehen müssen, aber heute legen wir fest, dass die Tage nach wie vor um fünf Uhr beginnen sollen.

Der Wecker klingelt um fünf Uhr. Zwei Stunden später spannen wir das Verdeck über die letzte Pulka und sind zum Abmarsch bereit.

Wir müssen über 500 Höhenmeter erklimmen! Allein schon bei dem Gedanken daran werden die Oberschenkelmuskeln müde.

Bruce Mountains

Wieder mühen wir uns mit den Pulkas am Hang ab. Nach viereinhalb Tagen auf dem Fjord bewegen wir uns landeinwärts in die Bruce Mountains. Das hier ist sogenanntes Inuit Owned Land, was bedeutet, dass man sich ohne Genehmigung der Inuit hier nicht aufhalten darf.

Mit dem Inuit Owned Land will man das Selbstbewusstsein der Inuit stärken und ihren kulturellen und sozialen Wohlstand für die Zukunft bewahren. Der Wert dieser Landgebiete soll geschützt und erhöht werden. Es ist wichtig, dass die Inuit selbst an allen Entscheidungen beteiligt sind, was nicht immer so einfach ist, wenn es auch andere Interessen gibt. Beispielsweise kann der Schutz der Fauna mit dem Bergbau kollidieren. Als wir in Qikiqtarjuaq waren, erhielten wir die mündliche Erlaubnis, uns auf Inuit Owned Land aufzuhalten. Man stufte uns nicht als Bedrohung ein, weder für die Fauna noch für die Flora noch für irgendwelche zukünftigen Bergbauprojekte.

Für die Durchquerung der Bruce Mountains benötigen wir die Genehmigung der Inuit.

Wir folgen einem aufregenden und zeitweilig schmalen Flusstal bergan und genießen einen sonnigen Ruhetag zwischen Felsen und Heidekraut, ehe wir weiter in die Bergwelt vordringen.

Die Inuit

Das Inuktitut-Wort *inuk* bedeutet »Mensch«. *Inuit* ist der Plural und bedeutet »Menschen«. Früher wurde dieses Volk als »Eskimos« bezeichnet. Diese heute ungebräuchliche Bezeichnung aus einer nordamerikanischen Indianersprache bedeutet so viel wie »Rohfleischesser«.

Im heutigen Territorium Nunavut wohnen erst seit 4000 Jahren Menschen. Die heutigen Inuit in Nunavut sind Nachkommen des Thulevolkes, das vor etwa 1000 Jahren vom asiatischen Kontinent einwanderte. Der erste Kontakt zwischen Inuit und Weißen kam um 1570 zustande, aber erst die Walfänger aus Europa und Amerika brachten um 1820 neues Material, Jagdwaffen, Alkohol und tödliche Krankheiten mit, woraufhin sich Kultur, Religion und soziales Gefüge der Inuit rasch wandelten. Im Laufe des vorigen Jahrhunderts begann Kanada sich für seine peripheren Territorien zu interessieren. Es ging um die Kontrolle von Bodenschätzen und den Schutz der eigenen Souveränität anderen Nationen gegenüber. Zwischen 1950 und 1960 betrieben die Behörden eine harte Assimilierungspolitik in den arktischen Regionen. Die Inuit sollten sich nach den Gesetzen und Verordnungen des kanadischen Staates richten, viele Rituale und Traditionen wurden verboten, als sie systematisch von ihrem Schamanenglauben zum Christentum bekehrt wurden. Die Behörden richteten Verwaltungszentren in der Arktis ein. Ende der 1960er-Jahre wohnten alle Inuit in diesen Orten, man stellte ihnen Arbeit im öffentlichen Dienst in Aussicht. Die Letzten wurden durch Hunger oder die Behörden zur Sesshaftigkeit gezwungen. Im Laufe weniger Generationen verwandelten sich die Inuit von einem selbstständigen Volk in eine winzige, von staatlichen Beihilfen abhängige Minderheit.

Um 1970 herum begann man in der Arktis nach Öl zu suchen, und die Inuit erkannten, wie wenig sie über ihr eigenes Land und dessen Schätze mitzureden hatten. Über zwanzig Jahre harter politischer Verhandlungen führten 1993 zur Unterzeichnung des »Nunavit Land Claims Settlement«. Dieser Vertrag soll den Inuit mehr Kontrolle über ihr Land und über ihre Zukunft geben. Die Verhandlungen führten überdies zur Einrichtung des neuen Territoriums Nunavut am 1. April 1999. Da die Inuit 85 Prozent der Bevölkerung stellen, hat ihre Stimme im demokratischen Prozess Gewicht. Das Territorium ist sechsmal so groß wie Norwegen (das geringfügig kleiner ist als Deutschland) und hat 29 000 Einwohner.

Die Inuit leiden immer noch unter den Folgen der Assimilierung, aber die jungen Inuit von heute machen auch die Erfahrung, dass ihre Kultur nicht mehr tabu ist. Kanada definiert seine eigene Identität inzwischen teilweise durch die Inuit-Kultur. Junge Inuit betreiben auch wieder Jagd und Fischfang auf die traditionelle Art, die sie von ihren Großeltern gelernt haben. An einzelnen Schulen gibt es Projekte, in deren Rahmen die Älteren den Schülern beibringen, wie man vom Land leben kann. Solche Maßnahmen sind von entscheidender Bedeutung für die Bewahrung des Inuit-Wissens und der Inuit-Traditionen.

Ich schreibe am 4. Mai in mein Tagebuch:

Die Bruce Mountains gefallen mir bislang am besten. Unser Camp liegt auf einer Höhe von 460 Meter, aber es kommt einem höher vor. Sicherlich weil wir uns zum ersten Mal länger in größerer Höhe aufhalten.

Ich hatte geplant, Schneehühner zu jagen, aber im Schlafsack war es so wahnsinnig gemütlich. Nach dem Frühstück im Schlafsack verließ ich diesen nur für wenige Stunden, um einige Sachen zu reparieren und einen kleinen Ausflug zu unternehmen. Dann kroch ich wieder zurück, las, schrieb und schlummerte. Das war unglaublich schön, aber nicht besonders schlau. Heute Nacht hatte ich große Probleme zu schlafen, und als wir um fünf Uhr aufstanden, war ich alles andere als wach.

Emma findet in den Bruce Mountains Ruhe.

Den Fluss hinauf war es sehr anstrengend. Wir fanden einen guten Weg, aber mühsam war es trotzdem. Mehrmals mussten wir die Pulkas zu zweit oder zu dritt ziehen, aber am schlimmsten war es eigentlich, als sie sich gerade noch allein ziehen ließen. Nach diesem Kampf war ich fürchterlich erschöpft. Mein rechtes Knie macht Ärger. Aber das war es wert! Das Flusstal war sehr schön, schmal und aufregend, die Berggegend, in der wir uns jetzt befinden: AMAZING!

Die Sonne verschwindet nur noch für drei Stunden hinter dem Horizont. Um zwanzig Uhr heißt es »ab ins Bett«, obwohl die Sonne noch das Zelt erleuchtet. Um fünf Uhr beginnt der neue Tag. Ich freue mich auf morgen! Ich freue mich darauf, noch mehr von diesen Bergen zu sehen.

Auf 500 Metern Höhe ist es morgens kalt, und der Schnee hat auch noch mittags eine brauchbare Konsistenz. Wir spuren durch ganz feines Champagnerpulver und genießen es, uns zwischen völlig anderen Bergformationen zu bewegen, als wir sie bislang auf unserer Tour gesehen haben. In den Bruce Mountains sind die riesigen Berge abgerundet und weich. Die Aufwärtshänge nehmen irgendwie kein Ende. Neben jedem Gipfel wartet schon der nächste Hang, und dann noch einer und noch einer. Bis wir endlich den höchsten Punkt erreicht haben und unbeschwert ein sanftes Flusstal mit Pulverschnee hinabfahren.

Zirkus in der Eiswüste
EMMA

Eine unerwartete Begegnung freut uns und gibt uns neue Kraft. Und die brauchen wir auch – starker Schneefall und Packeis gestalten das Fortkommen schwierig, unser Zeitplan gerät in Gefahr. Wir sind gezwungen, das Tempo zu erhöhen und die Tagesetappen zu verlängern. Erschöpfung, Hunger und Müdigkeit machen uns zu schaffen. Unsere Toleranz nimmt ab, und in der Gruppe kommt es zu Reibereien.

Funkelnde Augen und bunte Kleider

»This will probably scare you, I guess you haven't seen your face in a while?«

Ein lächelnder junger Mann in einem knallgelben Parka hält ein Stück eines Schneescooterrückspiegels vor mein Gesicht. Etwa zwanzig Augen sind auf mich gerichtet, als würden sie eine schockierte Reaktion erwarten. Ist es so schlimm? Nach 51 Tagen ist mein Gesicht ziemlich wettergegerbt, die Haut ist faltig und von der Sonne ausgetrocknet, meine Nase läuft, und unter den großen weißen Pflastern auf den Wangen schauen Sonnenekzeme und Erfrierungen hervor. Natürlich bin ich erstaunt, als ich mein eigenes Spiegelbild sehe, aber ich bin nicht sonderlich besorgt.

Schon mehr erstaunen mich diese ganzen funkelnden Augen, die mir mitten in dieser Weite begegnen. Überall sind Leute in bunten Kleidern und Hunde, die schwanzwedelnd auf uns zulaufen oder an meinen Beinen schnüffeln. Alles sprudelt förmlich vor Bewegung und Leben.

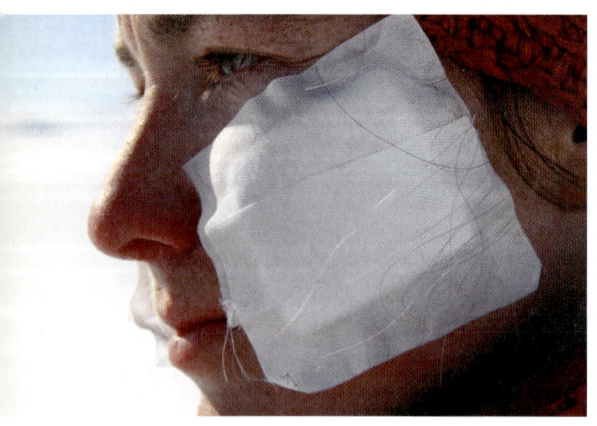

Nach fünfzig Tagen sind unsere Gesichter voller Blasen.

»*We are doing a circle*«, sagt ein großer, kahlköpfiger Mann mit französischem Akzent.

»*Oh, that sounds nice*«, antworte ich und begrüße dann alle. Mir fällt auf, dass die dreißigköpfige Gruppe nur zwei Nicht-Inuit aufweist. Um was für eine Runde es sich bei ihrem Ausflug wohl handelt? Schließlich sind wir von Clyde River und Pond Inlet recht weit entfernt. Einer von ihnen macht mit einer großen Filmkamera Aufnahmen. Sicher Leute mit Geld, die irgendeine Reisereportage drehen, denke ich und begebe mich tiefer in das Gewimmel.

Der beste Kuss der Welt

Vor nur einer Stunde befanden wir uns noch in dem Flusstal in den Bruce Mountains. Wir saßen auf den Pulkas und ruhten uns aus, tranken Heidelbeercreme und aßen abwechselnd Schokolade und Nüsse.

»Kristin, du bist doch sicher auch der Meinung, dass das der beste Kuss der Welt ist. Luftig, samtweich und wohlschmeckend. Besser als so kann es nicht werden.«

Fast jedes Mal, wenn sich Vera die Schokolade genüsslich auf der Zunge zergehen lässt, vergleicht sie das mit Küssen, die sie bekommen hat.

»Ich weiß nicht«, erwidert Kristin. »Ich habe keine Schokolade mehr.

Mit ihren traurigen kleinen Hundeaugen schaut sie Ingebjørg und mich an. Das wiederholt sich jeden Tag. Kristins Tüte mit Schokolade ist immer schon Stunden vor unseren leer. Ich gebe ihr zwei Stücke, und bald nehmen alle an der Kussdiskussion teil. Schlechte Küsse, der erste Kuss, der beste Kuss, zukünftige Küsse …

Technisch perfekt gleiten wir die Bruce Mountains hinunter.

In dem Tal liegt eine mehrere Zentimeter dicke Schneedecke. Die überhängenden Schneewehen erinnern an weiße Kissen, und die weiche Landschaft schenkt Ruhe.

»Hört ihr? Was ist das für ein Geräusch?«, fragt Ingebjørg.

Wir wenden uns in alle Richtungen, das leise Brummen wird deutlicher. Aber wir sehen nichts, weder ein Flugzeug noch Schneescooter. Ich schiebe mir Schokolade in den Mund und ruhe mich aus. Vera und ich tauschen. Sie bekommt meine Schokolade, und ich bekomme ihre Nüsse und getrockneten Moosbeeren.

»Schaut mal, da kommt jemand!«, ruft Ingebjørg.

Am Ende des Tals sehen wir schwarze, sich bewegende Punkte. Einen, zwei, noch mehr! Einer nach dem anderen stellen sich die Schneescootergespanne hintereinander auf, als sie auf dem kleinen See in einem Kilometer Entfernung anhalten. Rasend schnell packen wir die Tüten mit der Schokolade und die Thermosflaschen weg und schnallen die Skier an. Wenige Minuten später sind wir auf dem Weg.

»Beeilt euch, sie dürfen nicht weiterfahren, ohne uns gesehen zu haben!«, rufe ich.

»Stell dir vor, sie haben Popcorn«, stöhnt Ingebjørg.

»Oder Käse, *oh my God*, wenn sie Käse haben«, seufzt Vera.

»Oder Mango oder Apfelsinen«, fügt Kristin hinzu.

Aufgedreht und aufgeregt reden wir durcheinander und stellen uns vor, zu welchen leckeren Sachen sie uns vielleicht einladen, während wir dem See zueilen. Kristins Augen leuchten, sie ist diejenige, der Hunger und Lust auf Essen am meisten zu schaffen machen – jetzt sieht sie ihre große Chance.

Ich bin ein Duracell-Kaninchen

Ich stelle mir vor, ein Duracell-Kaninchen zu sein, schnell und unermüdlich. Vielleicht ist das die Sehnsucht nach anderem menschlichen Kontakt und der Traum von möglichen Leckereien, der mir neue Kräfte verleiht. Meine abgekämpften Oberschenkel verwandeln sich wieder in starke Muskeln, während wir über den See eilen. Je näher wir kommen, desto erwartungsvoller werde ich. Ich habe ein Kribbeln im Bauch und kann es kaum abwarten. Könnten das Sheri und Jake sein? Die beiden, die wir in Clyde River getroffen haben? Sie waren auf dem Weg zu einem Hundeschlittenrennen von Arctic Bay nach Pond Inlet. Eigentlich hätten sie vor etwa einer Woche an uns vorbeikommen müssen, aber man weiß ja nie. Ich werde noch schneller – ich stehe nur in einem Top auf meinen Skiern, und der Schweiß läuft mir den Rücken und zwischen den Brüsten runter.

»Das sieht ja aus wie ein ganzes Bataillon!«, ruft Vera hinter mir.

Nach mehrwöchiger Einsamkeit taucht plötzlich eine Motorschlittenkolonne vor uns auf...

Der Älteste vom Zirkus Artcirq und Terry erzählen, dass sie wegen Unwetters vier Tage in einer kleinen Hütte festsaßen.

Schneescooter, Schlitten, Leute und Hunde, alles durcheinander. Ich beeile mich noch mehr. Ingebjørg bleibt zurück, aber warten kommt jetzt nicht infrage. Eine von uns muss sie erreichen, bevor sie weiterfahren. Das letzte Stück empfängt uns Jubel. Man feuert uns an. Ich werde fast etwas nervös – überall Menschen und Hunde.

Zirkusshow und alte Apfelbutzen

»Die Baffin Babes! Endlich!«

Die Stimme klingt bekannt. Aus der Menge schauen Jake und Sheri hervor. Sie heißen uns mit herzlichen Umarmungen willkommen. Ausgelassen reden wir durcheinander. Wir erzählen uns gegenseitig von unseren Abenteuern. Das Hundeschlittenrennen Nunavut Quest ist gut verlaufen, 600 Kilometer in sieben Tagen. Es war ihr erstes Rennen, und sie sind mit dem 14. Platz bei 16 Teilnehmern sehr zufrieden. Es ist phantastisch, sie und ihre Hunde wiederzutreffen.

Nach einer Weile fragt uns Sheri, ob wir nicht die anderen vom Zirkus begrüßen wollten, dem sie sich unterwegs angeschlossen hätten.

»Zirkus? Wie bitte?« Wir verstehen überhaupt nichts.

»Ein herumreisender Zirkus«, erklärt sie lächelnd.

Meine Güte! Ist das wahr? Das wird ja immer unglaublicher. *Circus*, nicht *circle*! Und ich glaubte, dass sie Touristen auf einer Rundreise sind.

Ich wetze hin und her, will alles wissen, mit allen reden und die Atmosphäre aufsaugen. Wir sind vollkommen aus dem Häuschen. Die Zirkusleute kommen aus Igloolik, einem Dorf mit 2000 Einwohnern. Der Zirkus nennt sich Artcirq und befindet sich auf einer

Herzliches Wiedersehen: Sheri und Jake heißen uns lächelnd willkommen.

Tournee auf Baffin Island. Die nächste Station ist Clyde River. Terry in dem knallgelben Parka klärt mich darüber auf, dass er Artcirqs stärkster Akrobat sei. Leha erzählt eifrig, dass sie schon einmal in Norwegen war, beim internationalen Filmfestival in Tromsø, wo sie einen Film über Artcirq und das Zirkusprojekt zeigte. Elis teilt uns stolz mit, sie seien der einzige Inuit-Zirkus der Welt und würden bei den Olympischen Spielen 2010 in Vancouver auftreten. Alle sind voller Begeisterung, und das Ganze ist eine richtig surrealistische Mischung. Traditionelle Trachten aus Robbenfell, leuchtend orangene Daunenoveralls vom neuesten Modell, Pelzmützen und Hip-Hop-Kappen. Funkelnde Schneescooter und selbst gebaute Holzschlitten. Säuglinge, Alte und eine ganze Menge coole Jugendliche. Die Kontraste kommen einem plötzlich ganz selbstverständlich vor. Auch dass wir uns hier begegnen. Das ist Babe-Timing auf höchstem Niveau! Die Zirkus- und Hundeschlittenrennenleute kommen aus einem Tal, wir aus einem anderen. Sie wollen weiter in ein drittes und wir in ein viertes. Wären wir uns nicht genau hier und jetzt begegnet, wären wir einfach in verschiedene Richtungen weitergezogen! Wir hätten uns verfehlt. Das Zeitfenster betrug nur wenige Minuten.

Ich wage es kaum, mir das auszumalen ...

Sie bieten uns eine Minivorstellung. Mit dem leuchtend blauen Himmel als Hintergrund bilden sie einen menschlichen Turm. Sie balancieren auf den ausgestreckten Armen ihres Untermannes, während drei Mädchen das Ganze mit einem kehligen Inuit-Song begleiten. Das ist magisch und unglaublich schön. Vollkommene Präsenz und Körperbeherrschung. Ich fühle mich ausgelassen und wie verliebt. Will diesen Augenblick in die Länge ziehen, mit allen reden, mit ihnen zu-

Wir lassen uns zu einer Minizirkusvorstellung einladen.

sammen sein, sie auf ihren zukünftigen Abenteuern begleiten, ihre Geschichten hören und die ganze Show sehen. Aber die Vorstellung in Clyde River ist bereits am nächsten Tag, und nachdem wir erfahren haben, dass sie vier Tage wegen des Unwetters, eines totalen Whiteout, festsaßen, ist mir klar, dass sie es eilig haben, weiterzukommen, solange das Wetter es zulässt. Kochgefäße für Kaffee und Tee werden zusammen mit Gitarren, bunten Rasseln, Maracas und Jonglierhölzern weggepackt. Eine eben erst geschlachtete Robbe wird hinten auf einem Schlitten festgezurrt, und die Hunde nehmen gehorsam ihre Plätze ein. Alle umarmen sich. Abschied, aber mit der Hoffnung auf ein Wiedersehen eines

Ich erzeuge auf einem zurück- gelassenen Ölfass mitreißende Tanzrhythmen.

Tages. Einer nach dem anderen fahren sie auf ihren Schneescoo- tern davon, und wir winken ihnen hinterher, bis wir sie nicht mehr sehen können.

Dann wird es wieder vollkommen still, und wir sind allein. Auf- geregt laufen wir in den Fußspuren der anderen herum. Kristin und ich finden ein paar alte Apfelbutzen, von denen wir auch noch den letzten Rest abnagen, während Ingebjørg gebrauchte Teebeu- tel einsammelt, die wir noch einmal aufbrühen können. Vera ver- sucht sich an dem kehligen Gesang der Inuit, und Buck und Anu machen sich zufrieden über einige Stücke Robbenfleisch her. Wir haben zwölf Kilo geschenkt bekommen.

Wackelnde Hintern

»To all the sexy ladies out there, give me some ass shaking!«

Dunk da dunkda, dunk da dunkda. Der Rhythmus breitet sich über den See aus und dringt in die Täler zwischen den Gipfeln. Die

Wir wechseln uns damit ab, den Weg zu bahnen. Nach einer Stunde harter Arbeit tauschen wir die Position.

Babes beginnen zu tanzen. Ich trommele auf einem alten, zurückgelassenen Ölfass. Vera, Kristin und Ingebjørg tanzen in ihren Daunenhosen. Beyoncé kann da nicht mithalten! Inspiriert von dem Zirkus veranstalten wir unsere eigene abendliche Show. Immer noch tanzend ziehen mich die anderen auf einem vier Meter langen Holzschlitten, den der Zirkus zurückgelassen hat, im Kreis herum, während ich auf der Trommel mein Bestes gebe. Wir geraten vollkommen in Ekstase und vergessen das Kochen und die anderen abendlichen Beschäftigungen. Die dunkle Wolkenbank, die über die Gipfel heranrollt, bekümmert uns nicht weiter.

Schneefall und harte Abstimmung im Lager

Die dichten Wolken hängen niedrig, als ich am nächsten Morgen aus der Zeltöffnung schaue. Wir brechen rasch auf und sind sehr effizient. Zu Anfang, als es noch so kalt war, vergingen vom Aufstehen bis zum Anschnallen der Skier drei Stunden, jetzt brauchen wir nur noch etwa eine Stunde. Alle wissen, was sie zu tun haben. Eine letzte Drum-Session und ein letztes Schwenken der Hüften, dann sind wir bereit. Es ist 6.08 Uhr.

Der Schnee rieselt langsam herab und bedeckt die ganze Landschaft wie Watte. Alles wird weich, meine Bewegungen werden langsamer, und die Geräusche werden von den weißen Flocken verschluckt. Gegen Mittag waten wir durch den wadenhohen Schnee, die Sicht wird immer schlechter und der Schnee immer nasser. Die Pulkas versinken im Tiefschnee, und wir müssen hart arbeiten, um vorwärtszukommen. Aber irgendwie finde ich zu einer herrlichen Ruhe, während ich mir durch den schweren Schnee einen Weg bahne.

Abends diskutieren wir die weitere Route. Wir schieben alle nassen Kleider im Zelt beiseite und breiten die Landkarten aus, um die Distanzen zu messen. Wir können entweder durchs Landesinnere weiterziehen und uns durch die Fjorde via Seal Bay und Drewer Arm einen Weg suchen oder über das zugefrorene Meer und auf die Landzunge bei Maud Harbour zuhalten.

Ingebjørg schreibt am 8. Mai in ihr Tagebuch:
»Es war anstrengend zu gehen. Der Schnee reichte bis an die Verdeckkante der Pulkas. Am Ende des Tages war ich vollkommen erledigt, und sowohl die Achillessehnen als auch das rechte Knie taten mir weh ...«

»Wie viel länger ist die innere Strecke?«, will Kristin wissen.

»Fünfzehn Kilometer«, antwortet Vera.

»Für mich hängt dieser Beschluss davon ab, ob wir später den Jimi-Massi-Gletscher überqueren wollen«, sage ich.

Wir suchen weitere Landkarten hervor und berechnen Distanzen und Tage. Wir möchten alle gern den Versuch unternehmen, auf Skiern den Jimi-Massi-Gletscher zu überqueren, statt weiterhin auf der Ostseite von Baffin Island dem Fjord zu folgen, bis wir Pond Inlet erreichen. Die Gegend beim Gletscher wirkt unglaublich schön. Gleichzeitig ist dieses Terrain anspruchsvoller. Es ist schwer, 1200 Höhenmeter zu überwinden, aber wir sind uns einig, dass wir das schaffen können! Ich stimme für die äußere Route, weil sie kürzer und mit weniger Risiko behaftet ist, da auf dem Eis sehr viel Schnee liegt. Es bedeutet auch, dass wir das Gletschergebiet rechtzeitig erreichen, um erst dann die Route über den Gletscher verlaufen zu lassen. Dann bietet sich uns eine super Gletscherwanderung anstelle der schnellen Alternative über das Eis des Fjordes.

Ingebjørg stimmt für die innere Route. Vera und Kristin votieren für die äußere. Wir hatten entschieden, über alle Beschlüsse zu diskutieren und bei Abstimmungen das Mehrheitsprinzip zu berücksichtigen. Ich merke, dass sich Ingebjørg ärgert, und die Stimmung ist spürbar schlecht, als ich in meinen Schlafsack krieche, aber so ist es dann eben.

Aus Ingebjørgs Tagebuch, 8. Mai:

Drei gegen eine. Man hat mich überstimmt und sich für den äußeren Weg entschieden. Das war richtig blöd. Ich finde, es wirkt viel aufregender, innen weiterzulaufen. Ich glaube, wir bekommen den offenen Horizont auch so schon früh genug über. Außerdem sind wir näher am offenen Meer, und dort ist die Wahrscheinlichkeit größer, Eisbären zu begegnen. So ist das, wenn die Mehrheit das Sagen hat. Hart und brutal. Damit lässt sich nicht immer so leicht leben.

Ich träume von einer Diät

Am nächsten Morgen bin ich todmüde, noch ehe wir die Skier angeschnallt haben. Ich krieche aus dem Schlafsack und setze eher widerwillig die Kontaktlinsen ein. Dann klebe ich Blasenpflaster auf beide Fersen und krieche aus dem Zelt. Heute ist die Luft kälter. Die Sonne schaut hinter den Berggipfeln hervor. Die Pulkas sind vollkommen eingeschneit, und die Landschaft liegt unberührt und still da. Es hat vermutlich die ganze Nacht über geschneit. Gestern fühlte ich mich unbesiegbar, heute fühle ich mich vollkommen zerschlagen. Jetzt, wo ich meine Kräfte am nötigsten brauche. Ich wate durch den kniehohen Schnee und bereite im Freien das Frühstück zu, während die anderen das Zeltlager zu-

Wir wählen eine Route weiter draußen auf dem zugefrorenen Meer. Manchmal reißen die Wolken auf, und wir können Maud Harbour erkennen.

Ingebjørg bleibt zurück und kämpft gegen den schweren Schnee.

Auch Buck und Anu haben Probleme.

sammenpacken. Der kalte Wind beißt im Gesicht, und wir essen unseren Brei sehr rasch.

Kristin geht an der Spitze und zieht Nancy hinter sich her. Sie spurt für uns andere. Hinter ihr kommen Vera und Billy Boy, dann folgen Ingebjørg und Al, ich gehe mit Onkel Bjørn ganz hinten. Die Pulkas haben wir nach Leuten benannt, denen wir im Zusammenhang mit dieser Tour begegnet sind. Damit wollen wir diese phantastischen Menschen ehren. Heute kommt mir Onkel Bjørn sehr schwer vor, noch schwerer als sonst. Aus irgendeinem Grund bringt er es eh immer fertig, am schwersten zu sein, obwohl wir versuchen, die Pulkas so gleichmäßig wie möglich zu beladen. Der Versuch, ihn auf Diät zu setzen, missglückt ständig.

»Fettsack«, schimpfe ich leise. »Du hast einen schwachen Charakter.«

Nach einer Stunde ändern wir die Reihenfolge, ich gehe jetzt an der Spitze und liege fast waagerecht im Geschirr, um überhaupt weiterzukommen. Die Skier verschwinden tief im Schnee, und alles glitzert wunderschön. Es geht langsam. Im Schneckentempo bewegen wir uns auf den immer breiter werdenden Meereshorizont zu. Dieser wirkt regelrecht magisch auf mich. Ich liebe es, einen weiten Blick voraus zu haben, das lässt meine Gedanken schweben und verleiht mir neue Energie. Die Anstrengung gefällt mir. Ich drehe mich um und sehe, dass Ingebjørg zurückbleibt. Wir halten an und warten. Dann ziehen wir weiter. Wir merken, dass Ingebjørg genervt ist. Ich frage sie, ob sie einige Kilo auf meine Pulka laden wolle, erhalte aber nur ein Kopfschütteln zur Antwort. Sie ist eine richtige Kämpferin, und ihre Willensstärke beeindruckt mich. Gleichzeitig ist die Tatsache, dass wir kräftemäßig so unterschiedlich sind, mittlerweile zu einem heiklen Thema geworden. Wir haben das einige Male angesprochen. Es beunruhigt mich ein wenig, dass es uns nicht gelingt, unsere Kräfte zu vereinen und als Team zusammenzuarbeiten.

Ich verdrücke einen ganzen Powerriegel zum Mittagessen, obwohl ich eigentlich nur einen halben essen wollte. Der Inhalt in Kristins Schokoladentüte sieht beunruhigend dürftig aus, wenn man bedenkt, dass noch Vormittag ist. Heute werden wir unsere gesamte Kraft benötigen.

Im Laufe des Tages kämpfen wir uns gut voran, und auf dem letzten Stück spurt Kristin, während wir anderen schwedische Klassiker singen. Sie ist superstark, eine richtige Muskelgottheit.

Die Pulka ist doppelt so schwer wie ich, und ich muss mich weit vorbeugen, um vorwärtszukommen.

Trotzdem erreichen wir nicht wie geplant Maud Harbour, stattdessen verbringen wir den Ruhetag zwanzig Kilometer entfernt auf Diamond Island. Obwohl der Tag anstrengend war, beschließen wir, die Pulkas eine Anhöhe hinaufzuziehen, weil dort die Aussicht viel besser ist. Wir ziehen jede Pulka gemeinsam, und es kostet uns eine Stunde, bis wir alle oben haben. Aber das ist typisch für uns. Wir sind unterwegs, um uns wohlzufühlen und zu genießen, und nicht, um einfach nur eine bestimmte Strecke zurückzulegen. Wir nehmen uns gern Zeit für Umwege, und ich finde unseren Expeditionsstil klasse!

Ingebjørg späht über das augenscheinlich endlose Packeisgebiet, das vor uns liegt.

»Ladys! Das Menü! Seid ihr bereit?«

Sobald das Zelt aufgebaut ist, suche ich immer die abendlichen Essensrationen hervor. Die Neugier nimmt überhand, wenn es darum geht, was es zum Abendessen gibt. Das ist jeden Tag ein kleiner Höhepunkt. Vera: Makkaroni in Käsesauce. Ingebjørg: Lasagne. Kristin: Fisch. Emma: »Das Ekelzeugs.« Wir haben verschiedene Gerichte bestellt, die tageweise verpackt sind, aber niemand weiß, in welcher Reihenfolge sie kommen. Vera springt vor Begeisterung in die Luft. Makkaroni in Käsesauce ist ihr Lieblingsessen und eine richtige Kalorienbombe.

Jede Erdnuss zählt ...

Ich erwache früh, bleibe aber noch im Schlafsack liegen. Ruhetag. Es ist wunderbar, einfach dazuliegen und seinen Gedanken nachhängen zu können. Dann spiele ich einen Morgen-Song auf meinem iPod, während uns Kristin das Frühstück ans Bett bringt. Die

*Jeden Sonntag ist
Psychostunde, in
der wir darüber
sprechen, was in
der Gruppe nicht
funktioniert.*

Haferbreiportionen sehen gigantisch aus, und wir brauchen einige Zeit, um sie aufzuessen. Es ist schwieriger, sie runterzukriegen, wenn ein Ruhetag vor einem liegt. Wir lassen es gemächlich angehen. Kristin liegt in der Sonne und liest, Vera schreibt Tagebuch, und ich gebe mich einer Dance Session auf den schneefreien Felsen neben dem Zelt hin.

»Sieht aus, als sei auf der ganzen Strecke mühsames Packeis!«, ruft Ingebjørg von der Spitze des Felsens aus. Sie hat das Fernglas vor den Augen, hält nach Eisbären Ausschau und studiert die Route, die uns erwartet. Soweit das Auge reicht, türmen sich Eisblöcke auf. Es könnte schwer werden, mit den Pulkas vorwärtszukommen.

»Zeit zum Abnehmen«, sagt Ingebjørg streng.

Wir gehen alles durch, was wir an Ausrüstung haben, und beschließen gemeinsam, was verbrannt werden soll.

»Denkt daran, dass jede Erdnuss zählt«, mahnt Vera.

Das ist ein Mantra, das wir seit unserem ersten Planungstreffen in Oslo vor anderthalb Jahren verinnerlicht haben. Jedes Gramm ist wichtig. Tiefschnee, Packeis und dann 1200 Höhenmeter bedeuten, dass uns jedes Gramm, das verschwindet, zugutekommt. Vier Tüten Heidelbeercremepulver, ein Stirnband, ein Reserveseil, eine löcherige Strumpfhose, ein Wollslip und fünf Liter Benzin werden verbrannt. Das Ausmisten verläuft höchst zufriedenstellend. Acht Kilo gehen in Flammen auf.

Am Abend spielt Ingebjørg auf der Mundharmonika, ich überrasche alle mit Süßigkeiten zur Psychostunde. Jeden Sonntag veranstalten wir ein strukturiertes Gruppengespräch, ein Back-up, falls ein Problem in der Gruppe schwelen sollte, ohne an die Oberfläche gedrungen zu sein. Wir kommen nacheinander auf die Dinge zu sprechen, die schlecht funktionieren. Wie immer hat niemand etwas sonderlich Gravierendes vorzubringen. Alle scheinen zufrieden zu sein.

Eisinferno und ein erfrischende Abkühlung

»Al, noch ein Mal, und ich platze, kapiert?«

Ich drehe mich um und sehe, dass Vera ihre Skistöcke wegwirft, sich auf den Skiern zurückgleiten lässt und Al aufrichtet.

»Er kippt fast jeden verdammten Meter um. Er führt sich auf wie ein Betrunkener, der rumtorkelt!«

Wir befinden uns mitten in einem Packeisinferno. Überall türmen sich Eiswälle auf, und Geduld und Kraft sind jetzt erforderlich, um vorwärtszukommen. Es ist anstrengend, gelegentlich frustrierend, aber auch unglaublich schön.

Es erfordert Geduld und unglaubliche Kraft, die Pulka über einen Eiswulst zu zerren.

Kristin beschreibt es in ihrem Tagebuch am 11. Mai so:

Dadunk, dadunk, gadunk, gadunk. Rauf auf die Eisblöcke, runter von den Eisblöcken. Hau ruck! Während ich einen kleinen Hügel hoch-kraxle, bleibt die Pulka auf einem anderen kleinen Hügel hängen. Es geht nicht weiter. Ich lehne mich ins Geschirr. Schiebe mit der Hüfte. Fester! Endlich drüber! Dann auf ein Neues. Dieses ganze Gezerre ist außerordentlich anstrengend, aber sich auf einem gefrorenen Meer zu bewegen ist zugleich sehr faszinierend. Als wären die Wellen zu Kämmen und Tälern gefroren. Ich komme mir ein wenig wie Jesus vor, so wie ich hier herumspaziere. Es macht Spaß, auf dem Wasser zu gehen!

Langsam arbeiten wir uns durch das Eisinferno, dessen Ende nicht abzusehen ist. Die Pulka zieht mich zurück, aber ich will vorwärts. Ist man über einen Wall hinweg, wartet schon der nächste. Obwohl es wahnsinnig anstrengend ist, macht es auch Spaß, sich über alle diese Hindernisse hinwegzuarbeiten. Die Eisformationen scheinen in der Sonne von innen zu leuchten – es ist, als würde man sich durch ein Kunstwerk aus Eisskulpturen hindurchbewegen.

Am Nachmittag finden wir für kurze Zeit eine etwas offenere Fläche und können so eine Weile das Tempo erhöhen. Buck und Anu laufen voraus, als wir sie einholen, stehen sie schnüffelnd vor einem offenen Robbenloch.

»Vera, wäre es nicht an der Zeit, sich etwas frisch zu machen?«, fragt Kristin munter.

Vera schwitzt, was das Zeug hält. Sie behauptet, dass niemand auf der Welt so viel schwitzt wie sie. Ich finde allerdings, dass wir uns den ersten Platz teilen. Seit Vera am 14. März, unserem dritten Tag auf Skiern, behauptete, dass sie gern für eine Abkühlung in das offene Eis springen würde, wenn es nur welches gäbe, haben wir sie damit gehänselt. Damals waren minus vierzig Grad, und Kristin und ich waren skeptisch, ob sie es ernst meinte. Heute hat sie genug offenes Eis.

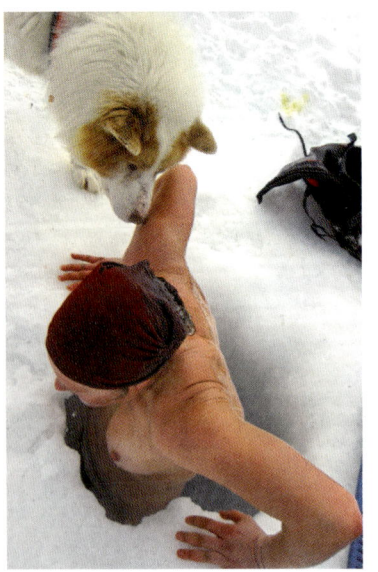

»Natürlich steige ich ins Wasser«, erwidert sie etwas beleidigt.

Plötzlich steht sie nackt vor dem Robbenloch und kratzt mit dem großen Zeh ein Loch in die dünne Eisschicht. Sie verzieht keine Miene und lässt

Genauso elegant wie die Robben schlüpfen wir für ein erfrischendes Bad in ein Robbenloch.

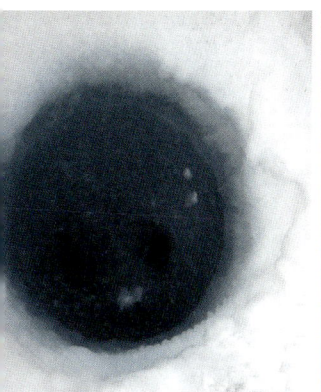

Immer wieder stoßen wir auf Löcher im Eis, die sich Robben freihalten, um zum Atmen an die Oberfläche zu gelangen.

nicht erkennen, dass sie es zu kalt findet. Kristin und ich wechseln einen verblüfften Blick. Wir sehen sofort ein, dass wir nicht zurückstehen können. Das Wetter ist grau und kalt, und als wir vor einer Stunde eine Pause eingelegt haben, taumelten wir noch mit zwei übereinandergetragenen Daunenjacken wie Michelin-Männchen herum.

»Ihr seid doch nicht ganz bei Trost«, ruft Ingebjørg und schüttelt den Kopf. »Ich bade nicht!«

Eine nach der anderen tauchen Vera, Kristin und ich in das Robbenloch. Die Kälte kriecht bis in die Knochen, obwohl ich nach wenigen Sekunden schon wieder aus dem Wasser komme. Aber es ist wunderbar erfrischend, und ein Bad bereut man schließlich nie! In Windeseile kleiden wir uns wieder an und brechen dann zu unserer letzten Etappe auf, bevor es höchste Zeit wird, das Nachtlager aufzuschlagen.

Ringelrobbe (Phoca hispida)

Die Ringelrobbe trägt ihren Namen wegen des hellen Ringmusters auf dem hellgrauen Rücken. Diese Robbenart ist mit ihren 130 Zentimetern und 50 bis 100 Kilo relativ klein. Ringelrobben leben in der gesamten Arktis, auch am Nordpol, und man geht von einem Bestand von zwei bis drei Millionen Tieren aus.

Die Ringelrobbe kann über 500 Meter tief tauchen und bis zu 45 Minuten unter Wasser bleiben. Dann muss sie zum Atmen wieder an die Oberfläche kommen. Mithilfe von Krallen an den Vorderflossen hält sie im Eis mehrere Atemlöcher den ganzen Winter lang offen. Die Robbe frisst überwiegend Schalentiere und Fisch. Für die Eisbären wiederum ist sie die Hauptbeute, außerdem fressen Polarfüchse und Polarmöwen viele Robbenbabys, wenn diese im Frühjahr auf dem Eis zur Welt kommen. Eine Ringelrobbe kann bis zu 45 Jahre alt werden!

»Wir spielen nicht Expedition, wir sind eine!«

»Heute 17 Kilometer!«

Kristin ist die GPS-Verantwortliche. Jeden Abend verkündet sie, wie weit wir gelaufen sind, und speichert die Position des Nachtlagers im GPS ab. Wir haben uns den ganzen Tag im Packeis abgerackert, aber die zurückgelegte Strecke ist nicht gerade beeindruckend. Wenn wir auf Skiern das Gletschergebiet überqueren wollen, müssen wir Gas geben. Ein weiteres Mal breiten wir die Landkarten aus und berechnen Distanzen und Tage. Spätestens am

3. Juni müssen wir in Pond Inlet sein, damit wir dort vor dem Abflug noch ein paar Tage zusammen verbringen können.

»Wir müssen das Tempo erhöhen, damit wir eine Chance haben, über das Gletschergebiet zu kommen«, sagt Vera.

Sind wir dazu bereit?

Alle sind einverstanden, in den nächsten Tagen Tempo vorzulegen. Wir nennen das Projekt: »Wir spielen nicht Expedition, wir sind eine!« Vier Tage lang wollen wir pro Tag mindestens 22 Kilometer schaffen. Das klingt vielleicht nicht sonderlich beeindruckend, aber in einem endlosen Packeisinferno, in dem einem der Schnee bis zu den Knien reicht, ist das wirklich hart. Die Stimmung im Zelt ist nervös. Vera schlägt sich den Bauch mit Powerriegeln voll, um sich auf den nächsten Tag vorzubereiten. Ingebjørg zieht sich zurück, kriecht in ihren Schlafsack, und sagt kein Wort.

Kristin und ich sind ausgelassen wie kleine Kinder, wir überlegen uns, was wir aus uns herausholen können. Wir freuen uns darauf, ein paar Tage lang an unsere physischen Grenzen zu gehen.

»5.56 Uhr – Abmarsch!« Ingebjørg sagt die Zeit an. Sie ist für die Uhr verantwortlich.

Vera wirft ein paar Powerriegel ein, um sich für unser Projekt »Wir spielen nicht Expedition, wir sind eine!« zu stärken.

Startklar vor den Pulkas. Ingebjørg hütet die Uhr und gibt die Zeiten bekannt.

Das morgendliche Packen geht schneller als je zuvor, und wir ziehen mit Tempo los. Hoch, drüber, runter, immer wieder. Die Eisbarrieren wollen kein Ende nehmen …

»Pause!«, ruft Ingebjørg nach einer Stunde.

Wir holen rasch die Thermosflaschen hervor, ziehen die Daunenjacken an und schieben die Schokolade in den Mund.

»Eine Minute bis Abmarsch!«

Keine will die Letzte sein. Um 7.06 Uhr haben alle sowohl die Pulkas als auch ihre Position getauscht und sind bereit. Das Packeis türmt sich auf, soweit das Auge reicht. Eigentlich ist es ganz lustig, ein Expeditionsprojekt in einer Expedition unterzubringen. Einmal in der Stunde legen wir eine kurze Pause ein, bevor wir unsere Plätze tauschen und weiterziehen.

Ingebjørg bleibt auf der vorletzten Etappe des Tages zurück, aber das ist in Ordnung, da bald wieder Pause ist. Außerdem hat sie ein Gewehr auf dem Schlitten, falls ein Eisbär auftauchen sollte. Wir haben entschieden, die letzte Pause bei einer Hütte einzulegen, die wir auf der Landzunge genau vor uns entdeckt haben. Es ist wunder-

Schweigend verputzen wir die alten Nudeln, die wir in einer Hütte gefunden haben.

bar, sich ein bisschen allein und in eigenem Tempo zu bewegen, nachdem wir mehrere Tage in Formation gelaufen sind. Wenn der Schnee nass oder die Sicht schlecht ist, müssen wir dichter zusammenbleiben. Auch das funktioniert ganz gut, aber Abwechslung gefällt mir. Ich gerate in einen ganz anderen Rhythmus, wenn es so schnell vorangeht.

»Sollen wir?« Kristin und ich blicken uns an.

»Es sieht schließlich nicht gänzlich verschimmelt aus«, erwidere ich.

Kristin reißt ein Stück ab und probiert. Das alte Brot ist gefroren, nicht wirklich frisch gebacken, aber für uns frisch genug. In der Hütte hat jemand einige Vorräte zurückgelassen: ein paar Kekse, Butter, ein halbes Paket Nudeln und eine Scheibe Käse. Auf der Fensterbank liegen Teile eines toten Rens. Fellreste und Fleischfetzen kleben an den Knochen. An der mintgrünen Wand hängt ein Bild von Paris Hilton. Auf dem Tisch liegt eine alte Nummer von *Men's Health*. Wir decken vor der Tür für ein Picknick und essen zufrieden von den zurückgelassenen Vorräten. Sie schmecken etwas ranzig und alt, aber ein wenig Abwechslung beim Essen kann nie schaden.

»Das Leben ist wirklich ungerecht«, seufzt Kristin und betrachtet Buck und Anu. Eifrig verschlingen sie alte gegrillte Forellenfilets und eine angefressene Robbe, die zwischen Schneescooterschrott und anderem Müll im Schnee liegt.

Selbst für Kristin gibt es Grenzen.

Aus Ingebjørg Tagebuch, 12. Mai:
Gestern beschlossen wir, während der nächsten vier Tage Tempo vorzulegen, um rechtzeitig zum Gletscher zu gelangen. Es klang wirklich furchtbar, als wir uns abends darüber unterhielten, und ich beteiligte

mich nicht weiter an der Diskussion. Ich wusste nicht, wie ich das schaffen soll, ich war ja auch so schon vollkommen erschöpft. Der Tag verlief jedoch relativ gut, jedenfalls Teile davon. Die ersten drei Stunden führten durch Packeis, und ich war unglaublich erschöpft. Was mich dann aber endgültig fertigmachte, war die Durchquerung des flachen Eises im Laufschritt. Ich war wahnsinnig wütend und sauer, hasste alle und alles und wollte nur noch weg. Da war es gut, die Hunde zu haben. Ich glaube, das war eine Reaktion auf die ungeheure Erschöpfung und die mir fehlenden Energiereserven.

Zusammenbruch

»*High Five*! Gut habt ihr das gemacht!«

Es ist kurz nach fünf, und wir haben das Camp für diesen Tag erreicht. Ungeduldig warten wir darauf, dass Kristin das GPS abliest.

»Ratet mal! Wie weit, glaubt ihr?«, fragt sie.

»Zwanzig«, sagt Ingebjørg.

»Zweiundzwanzig«, schlägt Vera vor.

»*Woohoo, yes,* einundzwanzig Komma acht Kilometer!«, ruft Kristin in Ekstase.

Wir jubeln. Wir haben den ersten Effektivitätstag problemlos durchgezogen. Ein wunderbares Gefühl. Während Kristin kocht, und Ingebjørg sich ausruht, schnallen Vera und ich die Skier an und wetzen eine kleine Anhöhe hinter dem Zelt hinauf, um die Aussicht zu bewundern.

»Ich hätte es nie ausgehalten, nur mit Vera und Emma unterwegs zu sein. Ich bin froh, dass du hier bist«, sagt Ingebjørg.

Von der Anhöhe aus können Vera und ich hören, wie Kristin und Ingebjørg unten im Camp über uns sprechen. Mit eigenen Ohren höre ich Ingebjørg sagen, dass wir keine guten Tourgefährtinnen sind. (Eigentlich weiß ich nicht, was gesagt wurde, alle vier haben wir verschiedene Versionen und Interpretationen dessen, was da vorfiel.) Ich bin vollkommen fertig, muss mich hinknien, zittere am ganzen Körper – es ist sehr unbehaglich, die beiden hinter unserem Rücken sprechen zu hören.

»Hört auf! Wir hören, was ihr sagt!«, ruft Vera. »Es ist besser, wenn wir alle zusammen darüber reden!«

Schockiert fahren wir wieder nach unten. Das kommt uns alles unwirklich vor.

»Es ist besser, wenn ihr es uns direkt sagt, als hinter unserem Rücken über uns herzuziehen«, sage ich sauer. Die Stimmung ist schlecht.

»Wir haben nur besprochen, wovon schon in Clyde die Rede war: dass ihr euch immer so unglaublich einig seid und dass ich wirklich froh bin, dass Ingebjørg hier ist, und dazu stehe ich auch«, erwidert Kristin.

»Dieser Meinung bin ich auch«, stimmt Ingebjørg ihr zu. »Ich hätte nie mit euch beiden allein unterwegs sein können, weil ich mich dann oft ausgeschlossen gefühlt hätte.«

Das sind harte, ausgrenzende Worte. Ich bin traurig und habe nun selbst den Eindruck, dass Vera und ich keine guten Tourgefährtinnen sind. Ingebjørgs Ankündigung, dass sie nie wieder eine Tour mit uns unternehmen möchte, beschäftigt mich sehr. Vermutlich ist diese Sichtweise verdreht, aber ein Körnchen Wahrheit enthält sie sicher, was weiß ich.

»Dass Emma und ich Schwestern sind, scheint ja von Anfang an ein Problem gewesen zu sein«, sagt Vera. »Ich kann das schon nicht mehr hören. Kann das nicht auch ein Plus sein? Wir können nichts dafür, dass wir Geschwister sind.«

Kristin macht das Essen warm, und wir essen die alten Nudeln aus der Hütte in bedrücktem Schweigen. Alle sind in Gedanken versunken. Ich spüre, dass wir nicht sonderlich viel weiter gekommen sind. Ich bin traurig und verletzt. Wie ist es nur zu dieser Situation gekommen?

»Ich will jetzt nicht mehr darüber reden. Ich finde es unglaublich schwer zu ertragen, dass ihr nicht mit Vera und mir auf Tour sein wollt.« Hinter der Sonnenbrille laufen mir die Tränen herunter.

»So habe ich es nicht gemeint, aber irgendwie ist alles zwiespältig und anders«, sagt Ingebjørg. »Ich finde, dass du mir fremder geworden bist, Vera.«

»Es kommt mir so vor, als hätte ich mich zwischen euch gedrängt und als hätte ich eure Dreieinigkeit von früheren Touren zerstört.« Tränen fließen, und ich habe einen Kloß im Hals.

Vera weint ebenfalls. Ingebjørg und Kristin erklären, sie fänden ganz und gar nicht, dass wir schlechte Tourgefährtinnen seien, aber unsere symbiotische Art schließe sie irgendwie aus.

»Es tut mir leid, dass ich hinter eurem Rücken darüber geredet habe. Ich hätte das in der Psychostunde ansprechen sollen, aber, nun ja, jetzt ist es geschehen.« Ingebjørgs Wangen sind ebenfalls tränennass. »Ich bin dauernd so erschöpft, gelegentlich wünsche ich mir einfach nur, wir wären endlich am Ziel und es wäre vorbei. Es geht mir nicht gut, und ich bin ständig müde. Es freut mich, dass das ganze Baffin-Babes-Projekt bald vorbei ist.«

Viele Gefühle steigen an die Oberfläche – große Verwirrung, Irritation, Enttäuschung und Trauer. Wir haben wohl alle nicht begriffen, wie schwer Ingebjørg es hatte.

»So soll es schließlich nicht sein, dann ist an der ganzen Tour was faul. Wir sind hier, um es uns gut gehen zu lassen. Also müssen wir etwas verändern«, sagt Vera.

»Irgendwie habe ich das Gefühl, dass ich die ganze Zeit nur sauer bin, dass ich nichts beizutragen habe, sondern nur immer das Tempo bremse und die Stimmung runterziehe«, meint Ingebjørg.

Natürlich wird sie schon mal sauer, wenn sie nicht mithalten kann, aber dass sie die ganze Zeit sauer ist, stimmt wirklich nicht.

»Wenn jemand hier was leistet, dann bist du das, Ingebjørg«, betone ich.

Ingebjørg ist diejenige von uns, die am organisiertesten ist, sie sorgt dafür, dass Dinge erledigt werden. Sie würde nie auf die Idee kommen, sich einer gemeinsamen Arbeit zu entziehen. Sie packt immer sofort mit an, und halbe Sachen sind nicht ihr Ding.

»Dein Einsatz ist erstklassig, aber du musst akzeptieren, dass deine Kondition schlechter ist als unsere, und das ist auch vollkommen logisch«, meint Kristin. »Du warst krank, während wir Ski gelaufen sind. Wir sind ein Team, wir werden zusammenhalten. Du musst das einfach akzeptieren, damit du die Tour genießen kannst.«

Jede von uns war es von den anderen Touren gewohnt, die Stärkste und die Ausdauerndste zu sein, aber hier können das nicht alle sein. Stattdessen müssen wir unsere starken Seiten betonen. Darüber haben wir oft gesprochen – dass wir verschieden sind, unterschiedliche Stärken besitzen und dass Individualismus hier nicht angezeigt ist, sondern zählt, was wir als Gruppe erreichen.

»Die Frage, wie viel jede schafft, war ein heikles Thema. Obwohl wir in der Psychostunde ein wenig darüber gesprochen haben, hat es nicht immer den Anschein, als sei es dir recht, Ingebjørg, wenn wir dir unsere Hilfe anbieten«, erkläre ich. »Willst du, dass wir das tun, oder sollen wir abwarten, bis du uns um Hilfe bittest?«

Wir sprechen darüber, was wir tun können, um die Situation zu verbessern. Ingebjørg und auch wir anderen müssen uns angewöh-

Trotz der rekordverdächtigen Durchquerung der Eislandschaft können wir uns kaum über unseren Tageserfolg freuen …

nen, früher um Hilfe zu bitten, wenn wir erschöpft sind. Wir sind alle an unterschiedlichen Tagen in unterschiedlicher Verfassung, und alle müssen nicht immer jeden Tag gleich viel ziehen. Es ist besser, dass wir unsere Unternehmungen an Stärke, Schwäche und Tagesform anpassen. Außerdem müssen Vera und ich einfühlsamer sein, damit sich die beiden anderen nicht ausgeschlossen fühlen.

»Wir sind nicht hier, um die Schnellsten oder die Ersten zu sein«, sagt Kristin. »Wir sind hier, damit es uns gut geht, damit es allen gut geht. Das ist das Hauptziel dieser Expedition.«

Aus Veras Tagebuch, 12. Mai:

Ich war enttäuscht und verletzt. Alles fiel um mich herum zusammen, zerbrach in Stücke. Die Tränen liefen mir übers Gesicht, und alles schmerzte vor Unwohlsein. Gelegentlich wollte ich nur noch weglaufen, auf den eisigen Horizont zu. Wie schnell doch alles zerstört werden kann. Wie schnell sich ein Erfolg in eine Katastrophe verwandelt. Warum habe ich davon bislang nichts begriffen? Es gab so viele Warum, und ich war zu verletzt, um auch nur ein Wort über die Lippen zu bringen. Emmas und meine Beziehung hat den Zusammenbruch herbeigeführt, unsere innige, starke, phantastische Beziehung. Sie wird als etwas Störendes betrachtet, etwas, was falsch ist. Ich wünschte mir, ich hätte Ingebjørgs Worte nie gehört.

Aus Ingebjørgs Tagebuch, 12. Mai:

Ich weiß nicht recht, wo das auf einmal herkam, denn im Großen und Ganzen geht es recht gut, aber plötzlich war ich es so leid, dass Emma und Vera so wahnsinnig dick miteinander sind. Sie sind Schwestern, gute Freundinnen und ausgesprochen innig. In wichtigen Dingen sind sie sich immer so unglaublich einig, sie sind sehr viel zusammen und geben einander immer Rückendeckung. Sie verlassen das Camp abends auch häufig, und ich habe das Gefühl, dass sie einfach allein sein wollen, und man hat nicht den Eindruck, dass man einfach mitgehen könnte. Es ist nicht sicher, dass sie es so meinen, aber so empfinde ich es jedenfalls. Eigentlich wollte ich Kristin einfach nur sagen, dass es mich freut, dass sie dabei ist, denn ich glaube, es wäre für mich hart gewesen, allein als drittes Rad am Wagen eine solche Tour durchzustehen. Vera und Emma haben alles mitangehört und waren wahnsinnig enttäuscht und traurig. Das verstehe ich gut. Ich hätte mit allen darüber sprechen sollen. Es gab schon einmal eine Diskussion darüber, in der ich meine Meinung kundgetan habe. Emma hatte das Gefühl, sie hätte sich irgendwo reingedrängt und das Spitzbergen-Team zerstört. So war das gar nicht gemeint!!! Und dann sprudelte alles nur so aus mir heraus: meine Erschöpfung, dass ich jeden Tag vollkommen am Ende bin. Ich bin oft sauer und mürrisch und habe keine Kraft, um mich wirklich über diese Tour, die Natur und die vielen schönen Erlebnisse zu freuen. In den letzten Tagen hatte ich nur noch das Bedürfnis, ans Ziel zu gelangen und die Tour hinter mir zu haben. Ich war auch etwas neidisch auf Emma und Vera und hätte ebenfalls gern jemanden gehabt, der für einen da ist, wenn alles so anstrengend ist. Es gab Tränen und viele verletzte Gefühle. Die anderen finden mich glücklicherweise nicht sauer und mürrisch, sondern es beeindruckt sie, wie ich mich abrackere. Wie immer verberge ich, wie hart und mühsam es eigentlich ist, ohne das selbst zu merken und zu wollen. Meine große Aufgabe besteht jetzt darin, positiver zu denken, unser Abenteuer zu genießen und mehr von den anstrengenden Aufgaben den anderen zu überlassen. Ich bin ganz einfach nicht stark genug. Die anderen können mehr leisten. Es fällt mir schwer, das einzuräumen, das zu akzeptieren und das dann auch umzusetzen, aber das muss ich, damit diese Tour glückt.

Aus meinem Tagebuch, 12. Mai:

Ich finde es schade, dass meine Beziehung zu Vera als Problem angesehen wird. Gleichzeitig kann ich verstehen, dass sich die anderen ausgeschlossen fühlen. Aber wir haben alle vier unterschiedliche Beziehungen zueinander, unterschiedliche Erfahrungen und befinden uns in verschiedenen Konstellationen. Ich vermute, dass sich alle hin und wieder ausgeschlossen fühlen, aber natürlich ist das hier etwas Besonderes, weil Vera und ich Schwestern sind. Ich will nicht, dass dies zu einer gewissen Entfremdung führt. Gelegentlich kommt es

zu ernsthaften Wortwechseln, aber ihnen da oben vom Hügel zuzu-
hören war richtig übel. Mir wurde ganz weich in den Knien. Ich war verletzt, und mir war unbehaglich zumute. Gleichzeitig war es gut, endlich einmal darüber zu sprechen. Trotz der Psychostunde schwelten
bestimmte Dinge unter der Oberfläche. Mir war nicht klar, wie schwer
Ingebjørg es hatte. Mir war aufgefallen, wie sie sich abmüht und
dass es ihr Mühe bereitete, einzusehen, dass sie nicht genauso
stark ist wie die anderen. Das war ein wunder Punkt. Es kommt mir
wie ein Fiasko vor, dass es uns nicht gelungen ist, vollkommen für-
einander da zu sein. Denn dann kann man einander um Hilfe bitten.
Jetzt wirkt es ja eher, als wäre die Zielsetzung gewesen, dass alle
gleich viel ziehen und dass alles andere als Schwäche betrachtet
worden wäre. Das ist ja vollkommener Unsinn. Obwohl wir genau darüber so oft gesprochen hatten. Ich hoffe, dass wir uns in Zukunft
bessern.

Aus Kristins Tagebuch, 12. Mai:

Die Simonssons haben Inga und mich missverstanden und fassen
unsere Worte als harte, verletzende Kritik auf. Dass mit ihnen etwas
nicht in Ordnung sei, dass sie keine guten Tourgefährtinnen seien.
Das war wirklich nicht, was wir gesagt und gemeint haben. Ingebjørg
bedauert, Vera und Emma sind verletzt und beginnen zu weinen.
Wenig später heult auch Ingebjørg, als rauskommt, wie es ihr geht.
Sie ist erschöpft, fühlt sich im Vergleich zu uns in schlechter Verfassung. Sie hat es satt, unterwegs zu sein, und hat mehrmals das
Ende der Tour herbeigesehnt. Uns war nicht bewusst, dass es Ingebjørg so schlecht ging. Natürlich haben wir gespürt, dass es sie
stört, nicht genauso stark zu sein, aber ich hätte nie gedacht, dass
mehr dahintersteckt. Okay, sich über Emma und Vera zu unterhalten, war nicht so toll, aber eine Reaktion von Ingebjørg war überfällig.

Es ist trotz allem gut, dass sie jetzt erfolgte, wo wir noch so viel Zeit übrig haben. Wir sprechen uns aus, alle erläutern, was sie wirklich meinen, und ich habe den Eindruck, dass Verständnis und nicht Missverständnis vorherrschen. Gut!

Abendtöne

Wir haben durchgelüftet; die Gefühle sind geklärt, und die Probleme wurden gelöst. Vielleicht machen uns ja immer noch ein paar mühsame Gedanken zu schaffen, aber es sieht trotzdem so aus, als hätten wir den Zusammenbruch in etwas Konstruktives verwandelt.

»Mir ist es seit Jahren nicht mehr so gut gegangen wie auf dieser Tour mit euch«, sagt Kristin.

»Und ich habe noch nie so viel gelacht«, meint Vera.

Ich stimme zu – noch nie habe ich so viel und herzhaft gelacht wie in diesen neun Wochen. Ingebjørg sagt, dass es ihr auch gut gehe, dass es wirklich nicht dauernd so scheußlich sei, aber dass ihr oft die Überschussenergie fehle, um alles genießen zu können. Sie will jetzt früher um Hilfe bitten und nicht mehr immer eine ebenso schwere Pulka ziehen wie wir anderen. Es kommt mir fast so vor wie ein Halleluja und ein Happy End à la Hollywood, als wir uns wenig später froh und mit Tränen in den Augen in den Armen liegen.

»Okay, ich lade euch heute Abend zum Konzert ein«, sagt Kristin. »In fünf Minuten hier auf dem Felsen. Freier Eintritt nur für die Baffin Babes.«

Wir sehen uns erstaunt an. Wir wissen, dass sie etwas Phantastisches geplant haben muss, diese phänomenale Person!

Nachdem wir unsere Gedanken und Gefühle geordnet haben, ist uns auch wieder nach Tanzen und Singen zumute.

Eisige Horizonte

Wir haben Brüste, Muskeln und Power,
weiche Lippen, sonnenbraune Haut und goldnes Haar,
Baffin Babes, wir sind auf Skitour das ganze Frühjahr,
achtzig Tage, dünnes Zelttuch, einfachste Verhältnisse.

Wir erwachen am Morgen, es ist Eis im Schlafsack,
stellen den Brei auf den Herd, schauen ins Freie,
schauen über das Eis – da ist ja ein Eisbär,
ein Weibchen mit einem Jungen – super!

Wir schnallen die Skier an und preschen los,
unser ganzes Leben haben wir in unsere Pulkas gepackt,
die Pulkas sind riesig, wiegen eine Tonne,
stimmt vielleicht nicht ganz, aber so kommt es uns vor.

Auf Baffin ist es schweinekalt, ja minus 35 Grad,
in arktischen Kleidern sehnen wir uns nicht nach Hause,
denn unter Daunenhosen stecken Wolle und nochmals
   Wolle,
und wird es extra *chilly*, dann holen wir nur tief Luft,
und ich rufe: »He, was soll das?«
Kommt schon, Babes, *shake more*!
We want to shake like Shakira, Beyoncé and Mira.

Wir haben Brüste, Muskeln und Power,
weiche Lippen, sonnenbraune Haut und goldnes Haar,
Baffin Babes, wir sind auf Skitour das ganze Frühjahr,
achtzig Tage, dünnes Zelttuch, einfachste Verhältnisse.

Wir treffen einen Inuk und halten an und trödeln rum,
und er angelt in einem Loch im Eis,
zerschneidet den Fisch und beginnt zu essen,
der Fisch ist gefroren, der Fisch ist roh,
mit bloßen Fingern macht er sich über den Fisch her,
ehrlich, das kann doch nicht sein Ernst sein,
aber er sagt: »Das wärmt euch später.«
Ich rufe: »He, was soll das?« Kommt schon, Babes,
    shake more!
We want to shake like Shakira, Beyoncé and Mira.

And we shake and break and twist und nach und nach
kommt die body heat mit diesem body beat,
sonst ist man hier dead meat, yes, in really deep shit,
wenn man nicht die Wärme hält,
nicht den Babe-Charme behält,
in einer rauen Expeditionswelt,
muss man bereit sein, für seine Co-Babes alles zu
    geben,
so let's go babes, into the snow babes and feel the flow
    babes
*I say, yo babes, there are **no** babes like the Baffin Babes.*

Wir kommen zu einem Robbenloch, aber keine Robbe
    weit und breit,
und reißen uns die Kleider runter und springen rein,
eiskalt bis auf die Knochen, eine solche Wonne,
an einem schönen Polar-Maimorgen nehmen wir das
    erste Bad des Jahres.

Baffin ist eine magische Insel mit Fjorden, hohen Bergen,
mit einem in einer kalten, klaren Sternennacht
    flackernden Nordlicht.
Hier gibt es reine Schönheit überall,
aber am schönsten sind die eisigen Horizonte.

Kristin

Unheimliche Gletscherspalten
VERA

Nach einer anstrengenden Zeit im Packeis erreichen wir Land. Neuschnee und Wärme führen dazu, dass wir die Nacht zum Tag machen und nachts auf Skiern weitermarschieren, was extrem strapaziös ist. Mit zu wenig Schlaf befinden wir uns plötzlich in einer schwierigen, stressigen Lage, und wir müssen immer zu hundert Prozent aufmerksam sein.

Korallenriff

Ich kann gerade noch Bewegungen vor mir ahnen. In meine Taucherbrille ist Wasser eingedrungen, und das Glas beschlägt rasch. Ich versuche, den Kopf vorzubeugen, um zu sehen, ob der obere Teil der Brille noch nicht beschlagen ist. Durch diesen sehe ich ein schönes Korallenriff. Bei der Taucherbrille handelt es sich eigentlich um meine Sonnenbrille, das Wasser, das hereinsickert und das Glas herunterläuft, ist der Schweiß, der mir wie ein von der Schneeschmelze angeschwollener Fluss die Stirn herabrinnt. Langsam arbeiten wir uns durch das aufgetürmte Packeis nach Cape Jameson vor.

Das Eis vor mir lässt sich mit einem Korallenriff vergleichen. Natürlich ist es nicht so artenreich und außerdem bedeutend jünger – es wird jedes Jahr neu erschaffen, und ich kann die Kräfte in diesem Meisterwerk sehen. Bei der dramatischen Begegnung des neuen Eises, das im Herbst entsteht, mit den herumtreibenden Packeisschollen bilden sich Kunstwerke, die eine Menschenhand gar nicht erschaffen könnte. Die Gletscher tragen durch das Kal-

Es dauert Stunden, nur wenige Kilometer zurückzulegen.

ben von Eisbergen ebenfalls dazu bei. Schließlich erstarrt alles, es wird ganz still, und Schnee bleibt liegen, wo der Wind es gestattet. Es handelt sich um einen undurchdringlichen, märchenhaften und mächtigen Ort, dem nur mit Geduld und enormer Stärke beizukommen ist.

Durch meine Taucherbrille sehe ich die 57 Kilo leichte Emma die 100 Kilo schwere Pulka eine Wand aus Eis hinaufziehen. Sie schafft das einfach so, krachend rutscht der Schlitten auf der anderen Seite wieder nach unten. Rauf, runter, hin und her arbeiten wir uns langsam vorwärts. Unser Ziel, heute noch Land zu erreichen, ist wohldurchdacht, kommt einem in diesem Eisinferno aber trotzdem sehr abwegig vor. Ich sehe Kristin an. Ihr Blick ist energisch. Ingebjørg lässt ihren Blick auf der Suche nach Eisbären über das Eis wandern. Emmas Blick ist steinhart, sie übernimmt die Führung, und wir anderen hängen uns an sie dran.

Sechs Stunden früher als geplant am Ziel

Das Projekt »Wir spielen nicht Expedition, wir sind eine!« ist ein Erfolg. Nach drei Tagen und vier Stunden erreichen wir Land – sechs Stunden früher als erwartet. Wir lassen das Meer mit den Eisbergen, die wie Segelboote mit blauen Segeln in den letzten Tagen unsere Wegmarken waren, hinter uns zurück. Plötzlich haben wir Sand unter den Skiern, und ein zwitschernder Schneespatz heißt uns willkommen.

Die Schlucht vor uns schlängelt sich steil bergan. Wir wählen das linke Ufer des Bachs. Ich spanne Anu vor meinen Schlitten und hoffe, dass wir die Steigung schaffen werden, die Emma und Ingebjørg vor uns hinaufkraxeln. Buck und Kristin mühen sich hinter

Emma verfügt über eine enorme Willenskraft, und wenn es nötig ist, das Tempo zu erhöhen, geht sie an der Spitze.

uns den Hang hinauf. Anu will unbedingt auf ihren geliebten Buck warten. Kläffend und mit traurigem Jaulen muss sie sich damit abfinden, neben mir zu gehen. Sie überlegt sich sicher, was sie falsch gemacht hat, dass ich sie auf diese fürchterliche Art bestrafe. Also versuchen wir, Buck vorweggehen zu lassen. Auch er will nicht ziehen, aber Anu zieht jetzt besser denn je, weil sie hofft, so irgendwann ihren Geliebten wieder zu erreichen.

Kristin und ich tauschen wieder den Platz. Es strengt an, bei jedem Schritt die Pulka wieder in Bewegung bringen zu müssen. Unser Takt erinnert an die Pendeluhr meiner Großmutter: langsam und zögernd, er kommt fast gänzlich zum Stillstand, ehe er sich entschließt, einen weiteren Schlag zu tun.

Höhenmeter um Höhenmeter lassen wir hinter uns zurück. Der Hunger macht mir zu schaffen, aber nicht so sehr im Magen wie im Kopf. Ich habe schon längst eingesehen, dass ich das Hungergefühl nicht verdrängen kann – jetzt verfalle ich ihm mit Haut und Haaren. Es ist elf Uhr, und meine Schokoladentüte ist bereits leer. Warum kann ich nicht so veranlagt sein wie Emma und Ingebjørg?

Mein Hintern ist genauso groß wie vor der Tour. Hier habe ich solide Fettreserven. Warum will mein Kopf nicht begreifen, dass sich dort unten gut schlemmen ließe, würde er nur seine Aufmerksamkeit dorthin wenden?

Emma zeigt mir stolz ihre Schokoladentüte, die, wie ich verärgert feststelle, fast voll ist.

»Wollen wir Schokolade gegen Nüsse tauschen, Vera?«, fragt sie.

»Ja, in Ordnung. Du bekommst die Nüsse später, wenn ich jetzt die Schokolade kriege.«

»Okay. Aber du hast doch hoffentlich deine Tagesration noch nicht aufgegessen?«, erkundigt sich Emma argwöhnisch.

»Nein, natürlich nicht, was glaubst du denn? Es ist doch erst elf Uhr!«, gebe ich rasch zurück.

Das Stück Schokolade schmilzt in meinem Mund, und die Energie strahlt in meine Adern aus. Mit neuen Kräften nehmen wir die Steigung wieder in Angriff und bewegen uns auf den See vor dem Jimi-Massi-Gletscher zu.

»Stopp! Es ist was passiert!«

Wir lassen das schöne, eisige Gebirge hinter uns und blicken empor zu neuen Gipfeln.

Kristin ruft vom Ende der Reihe. Wir bleiben stehen und sehen, dass sich die Sohle ihres Skistiefels gelöst hat. Während der Schnee um uns herumwirbelt, reparieren wir den Schaden provisorisch mit einem Spannriemen und hoffen, dass wir damit noch ein paar Kilometer weiterkommen. Der Schnee wird dichter, und wir erkennen kaum noch das Ende des Gletschers vor uns. Der Hunger macht mir wieder zu schaffen.

Mit der Trommel um den Hals feiert Kristin am 17. Mai den norwegischen Nationalfeiertag.

Aus Kristins Tagebuch, sie schreibt am 16. Mai:

Ich habe Hunger. Bis zum Frühstück sind es noch mindestens zehn Stunden. Mit einem Schuss Speiseöl im Brei lässt sich der Hunger etwa eine Stunde lang in Schach halten, bevor der Magen wieder rumort. Jetzt denke ich sehr oft ans Essen.

Der große Tag der Norweger

Wir Schweden können nie so recht verstehen, wie wichtig für unsere norwegischen Nachbarn der 17. Mai ist, an dem sie den Jahrestag ihrer Verfassung feiern. Besonders für Ingebjørg, die früher

Trompete in einer Blaskapelle gespielt hat. Am Morgen des Ruhetages wird also eine imposante Tagesordnung aufgestellt: Spiele, Flaggenhissen und Rednerliste. Aus Skistöcken und Spaten werden improvisierte Musikinstrumente hergestellt. Krakeelend marschieren wir um das Camp herum. Die Signalpistolen eigenen sich hervorragend für den Salutschuss, mit dem die Rede auf den 17. Mai schließlich endet. Emma, die sich für eine Welt ohne Grenzen einsetzt, geht dieses nationalistische Gelärme schon lange auf die Nerven.

Als es Zeit zum Mittagessen ist, zählen wir noch einmal unsere Tagesrationen. Gespannt und hungrig schauen Kristin und ich Ingebjørg über die Schulter.

»Reicht es, oder bleibt vielleicht sogar noch was übrig – können wir heute ein zusätzliches Essen bekommen?«, fragt Kristin begierig.

»Immer mit der Ruhe, ich muss ordentlich nachzählen, damit ich keinen Fehler mache«, antwortet Ingebjørg gelassen, aber mit Nachdruck.

Ich nutze jede Gelegenheit, um mich im Schnee abzukühlen.

Die Essenstüten sind nummeriert. Die von heute hat die Nummer 35. Außerdem gibt es eine Joker-Tüte, eine Nottüte, und jeden Tag diskutieren wir wild, ob wir uns nicht etwas aus ihr genehmigen sollten. Kristin und ich wollen natürlich alles essen, was uns unter die Finger kommt. Ingebjørg knotet die Essenstüten auf und zählt laut ab, knotet die Tüten wieder zu und schließt dann das Verdeck der Pulka. Kristin und ich können nicht an uns halten. Wir jauchzen vor Glück beim Anblick der vier Extraportionen im Schnee.

»Heißt das, dass wir das jetzt essen können? Dass wir mitten am Tag ein warmes Essen bekommen?«, frage ich Kristin flüsternd.

»Ja, Vera. Das ist ganz phantastisch. Sollen wir uns dazu nicht einen griechischen Bauernsalat mit Tomaten, Oliven und Schafskäse gönnen und ein Glas Wein und zum Dessert vielleicht eine Käseplatte und als Dessert nach dem Dessert noch einen Obstsalat?« Kristin träumt laut.

Ich kaue die Makkaroni langsam und genüsslich. Ich behalte sie lange im Mund, nur um das Gefühl zu haben, dass der Kochtopf, den ich in der Hand halte, viel Essen enthält; dass es sich um einen Topf ohne Boden voller Leckerbissen handelt. Kristin bekommt ihr Essen nach mir und macht sich mit einem hungrigen Blick darüber her.

Nach diesem erlesenen Mittagessen verleimt Kristin ihren Stiefel, während Emma, Ingebjørg und ich die Skier anschnallen, um das Ende des Gletschers zu erforschen. Wir wollen einen guten Weg für die Etappe des nächsten Tages suchen. Wolkenschleier ziehen über uns hinweg und tanzen wie Elfen um uns herum. Das Ende des Gletschers fällt steil ab. Ein schöner und imposanter Anblick. Ohne Pulka Ski fahren ist sowohl für uns als auch für die Hunde großartig und wunderbar. Buck und Anu laufen glücklich im Kreis. Anu vorweg, Buck schwänzelt hinterher.

Der Abend ist ruhig, und das wechselnde Licht beeinflusst das Gemüt.

Am 18. Mai schreibe ich in mein Tagebuch:

Heute Abend taucht die Sonne zum letzten Mal hinter dem gefrorenen Horizont des Meeres ab. Die glühende Kugel wird sich ab jetzt bis August keine Ruhe mehr gönnen. Der Sommer ist auf dem Weg hierher. Das Eis erwacht langsam zum Leben …

Der Gletscher lebt, wunderschön blaugrün ragt er stattlich hinter unserem Zelt auf. Ich sehne mich in ihn hinein. Er ist auf eine seltsame Art stark, geheimnisvoll. Ich hoffe inständig, dass er uns morgen auch willkommen heißen wird.

Die Nacht wird zum Tag

Gegen sechs erwache ich von der Hitze. Seit Tagen habe ich mir gewünscht, dass wir unseren Tagesrhythmus ändern. Ich will nachts Ski laufen und tagsüber schlafen. Ich leide wie Anu und Buck unter der Wärme. Die Hunde haben aber leider kein Stimmrecht, und ich werde jedes Mal, wenn ich diese Frage anschneide, überstimmt.

Gute Arbeit! Emma und Ingebjørg haben mit der ersten Pulka den Punkt erreicht, an dem der Gletscher abflacht.

Wir erklimmen den Gletscher in Etappen. Das ist anstrengend, aber wenn Kristin und ich richtig anpacken, kann uns nichts aufhalten, weder die Steigung noch die Hitze. Wir haben uns vor dieselbe Pulka gespannt, die nun lautlos durch den Schnee pflügt, und arbeiten schweigend nebeneinander. Es ist Tiefschnee – allerdings nicht sonderlich kompakt –, aber durch die Sonnenwärme wird er sich in wenigen Stunden in eine schwere, klebrige Masse verwandelt haben.

Es gefällt mir, zusammen mit Kristin zu laufen. Schon in Bruchteilen einer Sekunde bilden wir eine Einheit, und unsere Kräfte vereinen sich. Allmählich lässt die Steigung nach, und wir können jede wieder eine Pulka ziehen. Der Schweiß läuft mir über das Gesicht. Meine Sonnenbrille beschlägt innen, ich sehe nichts mehr. Plötzlich gibt es einen abrupten Stopp. Ich knalle in Emmas Pulka. Das geschieht immer wieder.

Mir brennen die Augen. Ich denke, jetzt halte ich den Mund, bis eine von den anderen einsieht, dass es vollkommener Wahnsinn ist, in dieser Hitze mit 13 Zentimeter Nassschnee unter Skiern und Pulkas weiterzumarschieren. In den Pausen lege ich mich in den

Schnee, um mich abzukühlen, das nächste Wegstück lege ich im Slip zurück.

»Verdammt, verdammt, verdammt!«, schreit Emma. Die Zugleine ihrer Pulka reißt ab und schnellt gegen ihren Hintern. Das bedeutet das Ende dieser Tagesetappe. »Wir müssen anhalten und abwarten, bis der Schnee geführiger wird. Denn so geht das nicht, oder?«

Ingebjørg und Kristin stimmen für Emmas Vorschlag. Alle wissen, dass sie sich nicht an mich zu wenden brauchen, denn ich liege halb tot im Schnee. Ihnen ist aber klar, dass ich lächele und innerlich *ENDLICH!* rufe.

Wir bauen das Zelt auf, und Ingebjørg beginnt mit dem Abendessen, obwohl es erst elf Uhr vormittags ist. Kristin, die personifizierte Sonnengöttin, die sich am meisten dagegen sträubt, nachts zu wandern, lächelt glücklich, weil sie feststellt, dass wir bereits jetzt mitten am Tag ein großes Essen bekommen. Außerdem rollen wir unsere Isomatten im Schnee aus, und Kristin kann ein Sonnenbad nehmen.

Immer wieder führt uns unser Weg über beeindruckende Gletscher hinweg.

»Dass wir das geschafft haben! Wir haben den Gletscher rechtzeitig erreicht, und jetzt bleiben uns mehrere Tage hier oben.« Ingebjørg rührt fieberhaft in Emmas Mittagessen.

»Ja. Super«, erwidert Emma, die die Zugleine ihres Geschirrs repariert.

»Wir können vielleicht an einem dieser Tage einen Ausflug auf irgendeinen Gipfel machen«, schlage ich vor.

»Gute Idee. Vielleicht auch auf zwei«, meint Kristin, die in Slip und Top auf der Isomatte liegt.

»Das wird einer der Höhepunkte der Expedition. Schaut euch nur mal um. Und wir sind hier!«, sagt Emma zufrieden.

Gletscher

Gletscher bestehen aus Eis und sehr kompaktem Schnee. Sie bewegen sich langsam vorwärts und abwärts. In arktischen Gebieten legen sie nur sehr kleine Strecken zurück, da sie an der Unterseite festgefroren sind. Aber trotz der minimalen Bewegung bilden sich auch hier meterbreite Spalten, die insbesondere im Winter schneebedeckt und deswegen nur schwer zu entdecken sind. Im Sommer gräbt das Schmelzwasser tiefe Kanäle. Diese Schmelzwasserkanäle findet man meist seitlich an den Gletschern, aber sie können sich auch in seiner Mitte bilden und lassen sich dann nur sehr schwer überqueren. Die Front des Gletschers ist oft extrem rissig und deswegen ohne Ausrüstung wie Seile, Geschirr und Eishaken kaum zu passieren.
Auf Baffin Island gibt es über 10 000 kleine und große Gletscher. Wie überall auf der Welt schmelzen sie aufgrund des immer wärmeren Klimas zunehmend ab.

Auf unbekanntem Terrain

Der Wecker klingelt um 22 Uhr. Draußen ist es weiß. Ganz weiß. Die »Morgentoilette« erledigen wir schweigend. Nach 68 Tagen auf Tour haben wir unsere Routinen.

Wer als Erste geht, hat Mühe, den Kurs zu halten. Es gibt nichts, woran man den Blick festhalten könnte. Die Erste hält immer einen Kompass in der Hand und versucht, auf Kurs zu bleiben, die Dritte korrigiert den Kurs. Es geht langsam, wir versinken im Schnee.

Ich glaube, ich weiß, woran Kristin und Ingebjørg denken. Im Jahr 2006 durchquerten wir im Laufe eines Monats Spitzbergen. An den ersten 18 Tagen hatten wir genauso schlechte Sicht wie jetzt, also überhaupt keine. Mental war das das Anstrengendste, was ich je unternommen habe. Jetzt befinde ich mich ein weiteres Mal in einer solchen Welt. Es ist eine Welt ohne Konturen, ohne Leben, Geräusche, Überraschungen. Eine einzige Leere. Es wird einem klamm vor Schweiß, die Blasen an den Füßen schmerzen beson-

Ingebjørg und Emma gewinnen in der Morgensonne langsam an Höhe.

ders, weil es bergauf geht, und hinter sich her zieht man eine Pulka, die das Doppelte des eigenen Körpergewichts wiegt. Man muss zehn Stunden lang auf diese Leere zugehen, in einem Vakuum, in dem nichts in nichts übergeht. Es hilft ein wenig, die Augen zu schließen. Denn dann weißt du nicht, ob du dich wirklich in einem Vakuum befindest, schließlich könnte es sich verändert haben. Wenn du dann voller Hoffnung die Augen wieder öffnest, siehst du dich jedoch genau demselben Weiß gegenüber.

Plötzlich erfasst mich das Gefühl, nicht mehr zu wissen, wo wir sind, und dass wir die Lage nicht mehr im Griff haben. Wir befinden uns auf einem Gletscher, der laut Landkarte Macculloch heißt, und laut GPS haben wir eine Höhe von 785 Meter erreicht. Aber wir sehen nichts und fragen uns, ob jemand die letzten fünfzig oder hundert Jahre hier war. Die Inuit haben nur gelacht und es als eine fixe Idee bezeichnet, sich auf Skiern in diese unerforschte und ungastliche Eislandschaft zu begeben.

Der Schnee fällt, richtiger Weihnachtsschnee. Große Flocken, die sich wie eine Decke auf uns und die Pulkas legen. Es wird leise. Wir sind ebenfalls ganz leise, unser fast obligatorischer Pausen-

Bei Schneegestöber fallen die Pausen kurz aus: ein Bissen Powerriegel, ein Schluck Wasser – dann geht es weiter …

Wetterumschwung. In einer konturenlosen Landschaft und nassem Schnee geht es nur langsam vorwärts.

Wir wechseln oft unsere Plätze in der Spur. Emma geht ganz hinten mit der schwersten Pulka.

Mitten in der Nacht erreichen wir den höchsten Punkt des Gletschers. Wir glauben, dass wir mühelos wieder zum Fjord hinabgleiten können, aber …

tanz fällt aus, wir essen ein Stück von einem Powerriegel und gehen weiter. Immer wieder wechseln wir die Positionen in der Kolonne. Ingebjørg bleibt zurück. Wir verteilen das Gepäck anders und gehen weiter. Auf der Landkarte wirkt der Gletscher dort, wo wir uns befinden, flach wie ein Plateau, aber die Wirklichkeit sieht ganz anders aus. Es geht steil bergauf.

Im Laufe von nur einer Stunde fallen zwanzig Zentimeter Schnee. Unsere Anoraks sind nass, die Feuchtigkeit dringt ein, und die Kleider werden klamm. Uns ist kalt. Meine Achillessehne schmerzt, und die Blasen machen mir zu schaffen. Nach neun Stunden harter Arbeit schlagen wir im Weiß das Lager auf. Die Nacht ist laut Uhr zum Tag geworden, und wir befinden uns immer noch im konturlosen, großen Nichts.

Aus Ingebjørgs Tagebuch, 20. Mai:

Zwischen zehn und zwanzig Uhr lagen wir im Schlafsack, aber niemand schlief gut. Ich schlief fünf Stunden mit Unterbrechungen. Die letzten fünf Stunden lag ich wach und hoffte nur, dass die Zeit ver-

gehen würde. Und Emma und Kristin schliefen auch in dieser Nacht schlecht. Es ist immer noch weiß draußen.

Aus Emmas Tagebuch, 20./21. Mai:
Es ist mitten am Tag, und ich bin hellwach. Vera beginnt nach einer Viertelstunde zu schnarchen. Schaue auf die Uhr: 16 Uhr. Der Wecker lärmt um 20 Uhr. Ich wälze mich immer wieder hin und her, versuche mir einzureden, dass Ausruhen fast dasselbe ist wie Schlafen – das wird zu einem Mantra in meinem Kopf. Es ist mir nicht gelungen einzuschlafen, ehe der Wecker klingelt. Wahnsinnig müde, und draußen vor dem Zelt schneit es, dichtes Schneegestöber, überhaupt keine Sicht.

Um 22 Uhr stehen wir in derselben konturlosen Welt bereit, in der wir uns bereits gestern befunden haben. Emma geht konzentriert voran und spurt – durch schmutzige Kontaktlinsen hindurch versucht sie den Kurs von 320 Grad zu halten. Sie kommt aber ständig davon ab, und wir anderen rufen ihr zu. Jeder Schritt in die falsche

… der nasse Schnee fällt weiter. Nach der Tagesetappe können wir unsere Unterwäsche auswringen.

Das arktische Licht verändert sich ständig.

Richtung ist ein unnötiger Schritt, während jeder Schritt in die richtige Richtung ein Schritt aufs Ziel zu ist.

Nach fünf Stunden Plackerei sind wir dort, wo wir bei 1190 Meter den höchsten Punkt vermuten, und betreten eine neue Welt. Der Nebel hebt sich, und Gipfel, die wir bislang nur auf der Landkarte gesehen haben, tauchen vor uns auf. Die wogende Stromlinie des Gletschers weist uns den Weg. Es geht rasch bergab. Spalten sowie tiefe Löcher, die der Wind verursacht hat, tun sich auf. Es ist wichtig, sich zu konzentrieren.

Ingebjørg ist am Ende ihrer Kräfte, als wir die nächste Steigung erreichen. Wir reduzieren das Tempo und laden die Pulkas um, aber sie sieht weiterhin sehr erschöpft aus. Wir beschließen, den Tag zu beenden, obwohl wir eigentlich noch eine Stunde hätten weitermarschieren wollen.

Aus Ingebjørgs Tagebuch, 20. Mai:
Nach meiner Stunde an der Spitze war ich mit den Kräften am Ende. Es war so anstrengend! Ich gab alles, aber es gelang mir trotzdem

Total erschöpft schläft Emma in der Pause auf der Pulka ein.

Unheimliche Spalten tauchen plötzlich unter Ingebjørgs Skiern auf.

Auf dem höchsten Punkt entferne ich zum ersten Mal seit 68 Tagen die langen Felle und ersetze sie durch kurze.

nicht mitzuhalten. Kurz nach sechs Uhr schlugen wir das Lager auf. Eigentlich hätten wir noch bis mindestens sechs Uhr dreißig weiterlaufen wollen. Aber ich glaube, die anderen begriffen auch, dass ich vollkommen ausgepumpt war. Solche Tage sind hart.

Aus Kristins Tagebuch, sie schreibt am 20. Mai:
Schlechter Schlaf. Ich bin nicht zufrieden mit dem »Nacht ist Tag, Tag ist Nacht«-Plan. Natürlich, schönes Licht in der Nacht, aber ich schlafe um diese Tageszeit lieber. Doch in jeder Demokratie gibt es Verlierer …

Die Abendsonne gibt uns Kraft, als wir uns für die nächste nächtliche Etappe bereit machen. Das ist genau das, wonach ich mich gesehnt habe – nach dem magischen Licht des Abends und der Nacht. Ich habe das Gefühl, dass wir etwas Einzigartiges, Geheimnisvolles erleben, dass wir uns in eine Welt gemogelt haben, die wir eigentlich nicht sehen sollen.

Der Gletscher hat eine weitere Anhöhe, die auf der Landkarte mit einem Maßstab von 1:250 000 nicht zu erkennen war. Nach vier anstrengenden Stunden erreichen wir den mit 1190 Meter definitiv höchsten Punkt. Danach haben wir uns gesehnt. Wir nehmen die langen Felle von den Skiern und montieren die kurzen. Seit uns der Nebel überrascht und der Tiefschnee aufgehalten hat, haben wir von dem Tag geträumt, an dem wir einfach den leicht abfallenden Gletscher hinunterfahren und Kilometer fressen würden. Wir richten die Skispitzen abwärts, müssen uns nur einmal mit den Skistöcken abstoßen, und schon geht es bergab.

»Hilfe!«, ruft Ingebjørg. Wir bleiben stehen und hören unter ihren Skiern eine Sinfonie von Geräuschen, das Rieseln von Eis und Schnee in Bewegung. Das klingt schön, aber wir erkennen im selben Augenblick, was das bedeutet: eine Spalte, und Ingebjørg steht über ihr. Sie bewegt sich langsam nach vorn. Anu, die neben ihr hergelaufen ist, sieht sich entsetzt um. Sie liegt auf dem Bauch, ihre Beine ragen über den Rand der Gletscherspalte ins Leere. Glücklicherweise ist die Spalte nicht sonderlich breit, und sowohl Anu als auch Ingebjørg haben rasch wieder festen Boden unter den Füßen.

Wir bewegen uns auf dem Gletscher weiter, und unvermittelt brechen Buck und ich ein. Unangenehm. Ich habe plötzlich wieder das Gefühl von der Spitzbergen-Expedition. Dort stürzte ich zwei Meter in eine Spalte, und links und rechts ging es noch weiter in den Abgrund.

Wir diskutieren, was wir tun sollen, wo wir weitergehen können, und beschließen, uns alle in ein Seil einzubinden. Ich habe eine Ausbildung als Gletscherführerin absolviert und die meiste Erfahrung auf diesem Gebiet. Ich gehe als Erste mit Buck, dann kommt meine Pulka, die mit einem speziellen Knoten, einem Prusik-Knoten, festgemacht ist, der verhindern soll, dass ich beim Einbrechen in einer Spalte die Pulka auf den Kopf bekomme. Dahinter folgen Anu, Kristin, Emma und Ingebjørg.

Ich lasse die Augen hin und her wandern. Die Schneedecke ist trügerisch. Nur die wenige Zentimeter dicke oberste Schicht trägt uns. Darunter bedecken fünfzig Zentimeter Pulverschnee, der überhaupt nicht trägt, die fürchterlichen tiefen Spalten. Alle sind darauf vorbereitet, dass wir plötzlich in eine Situation geraten könnten, in der eine von uns einbricht. Wir müssen konstant wachsam sein. Allen ist bewusst, dass es ernst ist. Ich spüre, dass die anderen mir vertrauen, ich kann, wann immer ich will und ohne angezweifelt zu werden, anhalten, überlegen, die Richtung ändern. Das fühlt sich unglaublich gut an.

»Können wir nicht einfach lebend und möglichst rasch hier runterkommen?«, sagt Kristin.

Kreuz und quer tun sich Spalten vor uns auf. Wir überqueren auf Skiern Schneebrücken, und die Sicherheitsausrüstung, die auf verschiedene Pulkas verteilt ist, liegt bereit. Der Gletscher ist eine Herausforderung. Er breitet sich in Täler und steile Klüfte aus. Mit seiner gewaltigen Kraft fordert er die riesigen, stabilen Berge heraus.

Aus Kristins Tagebuch, 21. Mai:
Herzklopfen – verursacht von der Angst, dass einer der Hunde einbrechen könnte – wechselt mit einer Art glücklichen Herzenswärme darüber ab, diese magische Schönheit absorbieren zu dürfen. Langsam, aber sicher verlassen wir das acht Kilometer lange Spaltenmonster …

In diesem chaotischen Spaltengebiet werden alle unsere Sinne und all unsere Erfahrung auf die Probe gestellt. Wir fühlen uns klein, aber gleichzeitig auch groß, lebendig.

Aus Emmas Tagebuch, 21./22. Mai:

Ab und zu schlägt der Puls schneller, aber meist bin ich ganz ruhig. Vera übernimmt die Führung, es gibt mir Sicherheit, sie an der Spitze zu wissen. Ich bin froh, dass sie diese Verantwortung übernimmt. Der Gletscher, den wir morgen verlassen wollen, erscheint uns unzuverlässig, große Schmelzwasserkanäle und Spalten kreuz und quer. Aber das soll uns erst morgen kümmern.

Wir zwingen uns zu Höchstleistungen, arbeiten Stunde um Stunde konzentriert. Nach 14 Stunden gehen die Kräfte zu Ende, aber wir wollen hier nicht anhalten. Wir wollen erst sicheren Boden unter den Füßen spüren. Aber ohne Kraft verlieren wir unsere Konzentration, und wir sehen uns gezwungen, einen Platz zu finden, an dem wir ein paar Stunden ausruhen können.

Volle Konzentration

Der Wecker klingelt um 13 Uhr. Erschöpft und schläfrig kommen wir rasch zu dem Schluss, dass wir noch eine weitere Stunde schlafen wollen. Erstaunlicherweise sind wir uns in dieser Frage alle gleichzeitig einig, ohne dass lange Diskussionen erforderlich wären. Kristin schnarcht weiter, und ich befinde mich auch rasch wieder in der Welt der Träume.

Als der Wecker abermals klingelt, bin ich ganz wach. Ich beuge mich über Emmas Füße, um den Reißverschluss zum Vorzelt zu öffnen. Emma brummt und schaut unter ihrem Wollpullover hervor, den sie sich jeden Abend um den Kopf wickelt, damit es dunkel wird. Ihre Augenlider sind viel dünner als die anderer Leute, das behauptet sie zumindest.

Ich ziehe den Reißverschluss herunter. Die Sonne ist verschwunden, und die Wolkendecke ist kompakt. Ich schlucke und bereue es etwas, dass wir gestern nicht disziplinierter gewesen oder zumindest vorhin aufgestanden sind, als der Wecker geklingelt hat. Das flache Licht lässt die Landschaft konturenlos erscheinen. Ingebjørg soll heute führen. So sieht es unser rotierendes System jedenfalls vor. Aber sie fragt mich, ob ich das nicht machen könnte.

Ich übernehme gern die Führung und versuche mir zu vergegenwärtigen, wie der Gletscher gestern aussah, als noch Sicht herrschte. Wir diskutieren und beschließen, auf den Schmelzwasserkanal zuzugehen, den wir gestern so deutlich gesehen haben, der aber jetzt in Wolken gehüllt ist. Die Schmelzwasserkanäle verzweigen sich über den Gletscher wie Blutgefäße in einem Körper. Im Frühjahr und Sommer pulsiert das Wasser durch diese

jetzt so stillen und leeren Adern. Wir folgen dem Kanal, müssen aber immer wieder entscheiden, welcher Abzweigung zu folgen ist, welche Abzweigung aus dem Labyrinth herausführt. Aber nicht nur das beschäftigt uns – schneebedeckte Spalten gehen in alle Richtungen, und welche Richtung wir auch immer einschlagen, wir müs-

Emma bindet sich in der Seilschaft ein.

sen uns auf das schlimmste denkbare Szenario vorbereiten: dass eine von uns einbricht.

Wir laufen weiter an dem Schmelzwasserkanal entlang, aber dann macht dieser einen Knick, und offene, tiefere Spalten tauchen auf. Die Zeit umgibt uns, und ich befinde mich mitten in ihr. Vergangenheit und Zukunft existieren nicht. Ich konzentriere mich vollkommen auf meine Aufgabe: einen sicheren Weg durch die möglichen Abgründe vor meinen Skispitzen zu finden. Das Seil nach hinten zu Kristin ist meine Lebensversicherung. Ich verlasse mich voll und

Es erfordert höchste Aufmerksamkeit, einen sicheren Weg zwischen tiefen Gletscherspalten und über unheimliche Schneebrücken zu finden.

ganz auf Kristin, Emma und Ingebjørg. Ich weiß, dass sie bereit sind, meinen Sturz aufzuhalten, falls ich einbrechen sollte. Wir sind alle hoch konzentriert. Die Spalten sind überall. Ich sehe kleine Hohlräume im Schnee, die mir genauso wie Stellen, an denen der Schnee eingesunken ist, einen Fingerzeig darauf geben, welchen Weg ich wählen muss. Wir balancieren auf einer haarfeinen Grenze zwischen Sicherheit und tödlicher Gefahr. Entscheide ich falsch, ziehe ich die gesamte Seilschaft über einen Spalt, und brechen wir ein – dann kann es für alles zu spät sein.

Sogar während der Pause bin ich noch hoch konzentriert.

Aber treffe ich die richtige Entscheidung, dann ist es wie ein Glücksrausch – das ist der Kick, nach dem ich gesucht habe.

Der Hunger und die Müdigkeit, die ich in den letzten Tagen verspürt habe, sind plötzlich wie weggeblasen. Der Nebel unten im Tal kommt stetig näher, und das beunruhigt uns. Die Großartigkeit der Natur überwältigt mich, doch wenn sie nicht mit uns kooperieren will, dann haben wir ihr absolut nichts entgegenzusetzen.

»Pause!«, ruft Ingebjørg, die ganz hinten geht.

Ich will nicht anhalten, ich will weitergehen, solange wir noch etwas sehen können. Aber die Mehrheit besteht auf einer Pause. Wir schlürfen eine Tasse warme Blaubeercreme und essen ein paar Handvoll Nüsse. Ich habe die Augen auf den großen schwarzen Fels auf 340 Grad gerichtet – dorthin wollen wir, ehe der Nebel uns einschließt. Wird es mir gelingen, die Konzentration zu wahren?

Wir sind wieder in Bewegung, langsam und im Zickzack geht es bergab.

»Weiter, weiter, WEITER! Durchbruch!«

Ich drehe mich um und sehe die Panik in Kristins Augen, die Stöcke brechen sowohl vor als auch hinter ihr ein.

Die Wolken hüllen uns wieder ein. Erschöpft wird uns klar, dass wir das Tempo erhöhen müssen.

Wir folgen den Schmelzwasserkanälen – den Adern des Gletschers. In dieser Welt aus Eis sind wir ganz klein.

Was sollen wir tun? Zur Seite auszuweichen, damit Emma und Ingebjørg die Spalte an einer anderen Stelle überqueren können, ist zu kompliziert. Wir erkennen, wie ernst die Situation ist – falls der Spalt tief ist und zwei von uns einbrechen, können die anderen beiden sie nicht halten. Kristin und Anu gehen weiter, Emma, Buck und Ingebjørg folgen ihnen, und wir atmen erleichtert auf, als alle wieder sicher auf einem Eisrücken stehen. Die Nebelschleier nähern sich.

»Wenn der Nebel dichter wird, müssen wir anhalten, das Zelt aufbauen und auf besseres Wetter warten, ehe wir weiterziehen. Alles andere wäre leichtfertig.«

Ingebjørg spricht aus, was wir alle gedacht haben. Wir gehen weiter, schlängeln uns zwischen den Flecken hindurch, an denen der Schnee eingesunken ist, folgen Eisrücken und überqueren Schmelzwasserkanäle. Ingebjørg muss sich ganz hinten wahnsinnig anstrengen. Buck läuft vor ihr, er zieht, und Ingebjørg bremst ständig mit den Skiern, indem sie den Schneepflug macht. Ihre Geduld imponiert mir. Wir arbeiten uns immer weiter nach unten bis zu einer Stelle, wo der Gletscher auf einen anderen Gletscher stößt. Solche Stellen können schwierig sein. Dort treffen sich zwei lebendige Gebilde, die gewaltige Kräfte freisetzen können und jedes die Oberhand behalten will. Dieser Kampf wird ständig ausgetragen, das Eis ist rissig, und es ist kaum zu erkennen, wer der Sieger ist. Den beiden Gletschern ist es jedoch gelungen, sich in einer Frage zu einigen – sie haben ihre Schmelzwasserkanäle vereinigt. Noch nie habe ich einen so riesigen Schmelzwasserkanal gesehen, zwanzig Meter breit und mindestens fünfzig Meter tief. In wenigen Wochen wird das Wasser schäumend dort entlangschießen und sich noch tiefer eingraben. Es wird sich neue Wege suchen und schließlich unten bei Eric Harbour ins Meer fließen.

Die Hunde können sich nach einem der anstrengendsten Tage der Expedition ausruhen.

Ich binde mich von der Seilschaft los und gehe zusammen mit Kristin ein Stück weiter, um die Möglichkeit zu untersuchen, den Schmelzwasserkanal auf einer gigantischen Schneebrücke zu überqueren. Emma ist auf ihrer Pulka halb eingenickt. Sie ist sehr müde, da sie mehrere Tage lang nicht geschlafen hat. Die Schneebrücke ist uns zu riskant, und wir müssen zurückgehen und eine andere Stelle zur Querung suchen. Neun Stunden sind vergangen, seit wir uns alle in das Seil eingebunden haben.

Wir schauen zum Gletscher hoch, von dem wir kommen. Dort ist der Nebel kompakt. Wir sind vom Schmelzwasserkanal und tiefen Spalten gefangen, unsere Möglichkeiten reduzieren sich immer mehr.

Nach einer weiteren Stunde finden wir endlich eine Schneebrücke, die hält und die wir sicher überqueren können. Auf der anderen Seite stoßen wir auf einen Moränenrücken. Wir sind glücklich. Endlich können wir uns von dem Seil befreien, die großen Felsbrocken geben uns Sicherheit. Wenn das Eis ihr Gewicht trägt, dann können wir es auch auf Skiern überqueren. Wir schlängeln uns zwi-

Wasserski

schen den Felsbrocken hindurch, die von den Berghängen herab-
gestürzt sind oder die der Gletscher mitgerissen hat.

Unsere Jubelschreibe sind nicht zu überhören, als wir den Alia-
nakuluk-See erblicken, der unser Ziel an diesem Tag ist. Aber als
wir den höchsten Punkt des nächsten Moränenrückens erreichen,
stellen wir fest, dass dort ein weiterer Binnensee liegt, über den wir
erst noch hinübermüssen. Dieser See funkelt türkis, er sieht aus,
als sei er nicht zugefroren. Ich habe einen Kloß im Hals. Auf den
Seiten des Sees steigen die Berge steil an, und Felsblöcke machen
das Durchkommen an seinem Ufer unmöglich. Wir sind erschöpft
und genehmigen uns eine Extraportion Powerriegel, während wir
über das Wasser schauen – es ist kein Weg zu sehen, der uns weiter-
bringen könnte.

»Bedeutet das, dass wir über diese riesige, schneefreie End-
moräne hinübermüssen?«, fragt Emma mit leiser Stimme.

Ich antworte nicht, sondern hake wortlos das Zugseil meiner
Pulka wieder ein und trete näher an die Gletscherfront heran. Sie
ist nass, da Teile des Gletschers durch den Druck abschmelzen.

Aber zu unserer großen Freude finden sich auf dem Eis nur wenige Zentimeter Wasser, und es erweist sich als dick und haltbar. Buck und Anu werden von ihren Leinen losgemacht, sie laufen vor Freude, endlich zusammen sein zu dürfen, jaulend im Kreis. Unsere extrem warmen Skistiefel mit Innenschuhen aus Wolle erfüllen nun nicht mehr ihre Aufgabe. Jetzt läuft das tausend Jahre alte eisige Gletscherwasser in sie hinein. Glücklich darüber, nach Tagen in einer konturenlosen Landschaft, die sich allmählich in ein anstrengendes Spaltenlabyrinth verwandelte, endlich festen Boden unter den Füßen zu haben, stellen wir fest, dass wir, die Baffin Babes, eine weitere große Herausforderung gemeistert haben. Wir haben unsere physischen und mentalen Grenzen weiter verschoben, als wir es für möglich gehalten hätten, und sind zu einem noch verschworeneren Team geworden.

Ich schlafe mit einem Lächeln auf den Lippen ein.

The End of the Road
KRISTIN

Pond Inlet ist nicht mehr fern, und mit einem Kloß im Hals nehmen wir die letzte Genussetappe in Angriff. Wohin ist bloß die ganze Zeit entschwunden? Die brennende Frühlingssonne erhitzt uns mehr als sonst, und wir müssen uns mit einem Eisbad abkühlen.

Ballonparty

»Happy birthday to you, happy birthday to you!«

Am Samstag, dem 23. Mai, erwache ich davon, dass mir die anderen ein Geburtstagsständchen darbringen. Wir haben uns nach den harten Tagen auf dem Gletscher unseren Ruhetag wirklich verdient. Ich bekomme den dampfenden Tee und das Frühstück ans Bett serviert. In einer Tasse mit Schnee steht eine Kerze. Ballons in allen Farben kullern ins Zelt und erhöhen die Stimmung.

»Herzlichen Glückwunsch, Kristin. Hier ist ein Geschenk, und noch eins, und ein drittes!«

Die äußerst enthusiastische Partychefin Emma umarmt mich. Voller Spannung knote ich die Ärmel des verschwitzen Wollhemdes auf, das als Geschenkpapier fungiert. Darin liegt eine Tüte Tortillachips, von denen nach dem sechswöchigen Transport von Clyde River nur noch Krümel übrig sind.

»Fabelhaft! Man stelle sich vor, dass du dich beherrschen konntest, obwohl der Hunger so groß war!«

Mein 28. Geburtstag in der Eiswüste

»Einige Male war ich schon sehr in Versuchung«, räumt Vera ein. »Aber ich habe es dann doch sein lassen. Ich habe mich deinetwegen zusammengerissen.«

Vera ist offenbar sehr stolz auf ihre Selbstbeherrschung. Das wäre ich an ihrer Stelle auch – wenn ich denn welche besäße.

Weiterhin packe ich aus: eine PEZ-Figur des Katers Silvester und drei Päckchen PEZ, eine Betty Boob-Halskette sowie eine Portion Nüsse und Rosinen, die Ingebjørg aus ihrer Ration opfert. Respekt, Inga!

»Vielen Dank! Was für schöne Geschenke, was für phantastische Gäste!«

Ich bin 28 Jahre alt geworden, und diesen Geburtstag werde ich garantiert nie vergessen.

Es ist Mai, es ist Frühling!

Nachdem die Festlichkeiten vorüber sind, ziehen sich alle zurück, um etwas Zeit für sich zu haben. Emma liest ein Buch, und Vera hält ein Nickerchen. Ingebjørg ist ganz aus dem Häuschen, weil sie vor dem Zelt Schneehühner gurren gehört hat, und geht mit der Schrotflinte nach draußen.

Auch ich gehe raus, um etwas im Heidekraut zu spazieren, und schreibe dann in mein Tagebuch:

Die Sonne hat Flecken von Erde freigelegt. In der stillen Luft hängt der Duft von Frühling. Das ist ganz phantastisch! Der arktische Winter ist recht steril; wenn man einmal von Körperausdünstungen und Essensgeruch absieht, dann hat in den letzten Wochen kaum etwas unseren Geruchssinn gereizt. Die Gerüche werden jetzt stär-

Nach ein paar harten Tagen auf dem Gletscher tut es gut, sich in einer frühlingshaften Umgebung entspannen zu können.

ker, und das ist herrlich! Ich lege mich auf die Erde und atme den wunderbaren Duft der verschiedenen Heidekrautarten ein. Es ist Mai, es ist Frühling! Ich krieche auf den Knien herum und schnuppere am Gras, Moos, an der Erde und am Heidekraut. Ich mache zehn Liegestütze, um zu sehen, ob ich noch Power habe. Damit ist es nicht sonderlich weit her. Die zehnte schaffe ich nur mit einem Schrei. Die Oberschenkelmuskeln sind auch schlapp, und es ist wunderbar, wieder ins Zelt zu kriechen, Schokolade zu essen und zu chillen. Ingebjørg kehrt mit leeren Händen von der Jagd zurück. Sie hat Schneehühner gesehen, aber nicht geschossen. Auch gut. Es ist netter, dass sich die süßen Schneehühner noch etwas länger im Heidekraut ihres Lebens erfreuen können, statt in unserem Magen zu landen. Obwohl ich fast ständig Hunger habe, haben wir genug zu essen. Lass die Schneehühner leben!

Es war ein schöner Tag, aber nur ein kurzer. Bereits um 14.30 Uhr gehen wir zu Bett, weil wir um 23 Uhr wieder aufstehen wollen.

Die erste Zwei-gegen-zwei-Situation der Tour

Als der Wecker um 23 Uhr klingelt, habe ich weniger als eine Stunde geschlafen und keine sonderliche Lust, aufzustehen und Ski zu laufen. Ingebjørg hat ebenfalls nicht viel geschlafen und ist ganz offensichtlich erschöpft.

»Ich habe es mir anders überlegt. Ich will lieber, dass wir tagsüber weiterwandern.«

Vor weniger als 24 Stunden haben wir die Umkehrung des Tages nach einer Woche mit Nachtwanderungen auf dem Gletscher einer kritischen Diskussion unterzogen. Da war ich nach wie vor die Einzige, die tagsüber wandern wollte, und wurde wieder überstimmt. Ingebjørg hat offensichtlich ihre Meinung geändert. Es gibt eine neue Diskussion, und zum allerersten Mal auf unserer Tour kommt es zu einer Zwei-gegen-zwei-Situation. Ingebjørg gerät ein weiteres Mal ins Wanken.

»Wir gehen halt trotzdem. Nein, wir bleiben. Aaah! Ich werde wahnsinnig!«

Ingebjørg ist total frustriert und brüllt rum. Ich bin müde bis zum Umfallen und kann nur mit Mühe der Diskussion der anderen folgen. Es gibt ein langes Hin und Her. Sollen wir weiter oder nicht? Wie sollen wir diese Frage lösen?

In ihrem Tagebuch schreibt Vera am 24. Mai über den nächtlichen Tumult:

Es ist eine schwierige Situation, und egal, welche Entscheidung wir treffen, ist die Hälfte der Gruppe enttäuscht. Emma und ich geben auf, Ingebjørg rastet vollkommen aus, sie schreit rum wie ein Kind. Kristin sagt nichts, sie versucht nicht mal zu diskutieren. Wenn ich sie frage, sagt sie nur: »Ich bin dagegen, die Nacht zum Tag zu machen, dieser Meinung bin ich, und dazu stehe ich.« Kristin will sich auf keine Kompromisse einlassen, und Ingebjørg sieht vollkommen übergeschnappt aus, also bleibt Emma und mir nichts anderes übrig, als nachzugeben.

Ingebjørgs Version sieht folgendermaßen aus:

Es endete damit, dass Vera und Emma sagten: »Okay, gehen wir halt tagsüber.« Die Stimmung war nicht gut, und ich bereue es sehr, dass ich nicht einfach den Mund gehalten habe. Aber ich bin es leid, die ganze Nacht müde zu sein, während wir unterwegs sind, ich bin es leid, tagsüber nicht schlafen zu können, weil es zu warm ist. Ich bin es leid, dass Kristin mindestens einmal am Tag sagt, diese Umkehrung des Tagesrhythmus sei scheiße. Außerdem finde ich es schade, dass wir noch mindestens drei oder vier Tage müde und kraftlos sein sollen, wo wir jetzt nur noch so wenige Tage übrig haben. Außerdem ist es ein Albtraum, neben jemandem schlafen zu wollen, der sich hin und her wälzt, liest, zwei oder drei Mal aufs Klo geht, mit Tüten raschelt und Nüsse isst. Ich hätte vor dem Ruhetag dagegen

Morgengymnas-
tik mit Aerobic –
ein guter Start
in den Tag

stimmen sollen, nachts zu gehen, aber stimmte dafür, da ich eine Zwei-gegen-zwei-Situation vermeiden wollte. Das war dumm von mir!

Und so denkt Emma über diese Sache:

Wir diskutieren eine halbe Ewigkeit. Ingebjørg sagt, sie habe ihre Meinung geändert, weil Kristin nicht schlafen könne, aber sie hat selbst ebenfalls nicht geschlafen und flippt aus. Im Zelt schnappt sie regelrecht über. Böse Worte und schlechte Stimmung. Ich finde, die anderen setzen Kristin unter Druck, sie muss sich verteidigen. Es hört sich so an, als ginge es um sie, obwohl sie immer dagegen gestimmt hat. Es ist auch nicht Kristin, die das Thema jetzt aufgegriffen hat. Sie hat die Abstimmung akzeptiert. Ich finde die Sache schlimm und ungerecht ihr gegenüber.

Es endet also damit, dass wir an Ort und Stelle bleiben. Von jetzt an wollen wir wieder tagsüber weiterwandern. Um fünf Uhr stehen wir bei strahlender Sonne auf. Um die Stimmung etwas zu verbessern, gönnen wir uns ein wenig Aerobic in unserer sexy Netzunterwäsche aus Wolle. Emma ist Instrukteurin. Mit begeisterter Stimme verbreitet sie die fröhliche Botschaft von Roxette. Das Echo hallt von dem Gletscher, den wir hinter uns gelassen haben, wider und legt sich über das Tal, das uns wieder aufs Meereis bringen soll.

»*I'm gonna get dressed for success. Shaping me up for the big time baby, get dressed for success, shaping me up for your love, yeah, yeah, Shaping me up for the big time baby, get dressed for success, shaping me up for your love, yeah, yeah, yeah!*«

Wir zogen bei minus vierzig Grad los, jetzt Ende Mai hat es plus zwanzig Grad.

Neben der Moräne bildet das Terrain einen Weg, dem wir folgen können. Die Skier gleiten leicht dahin und auf Eric Harbour zu.

Rückblicke

Wir setzen die Wanderung bei brennender Sonne nach einem weiteren Ruhetag fort. Am Morgen ist der Harsch perfekt, und wir sausen zum Eric Harbour. Die Steigungen haben wir hinter uns gelassen. Eine zauberhafte Ruhe herrscht an dieser schönen Bucht, und als Emma vorschlägt, einen weiteren Tag hier zu verbringen, rufen alle nur: »Ja!« Wir schlagen auf einer kleinen Anhöhe mit Aussicht auf den Gletscher, den Fjord und das offene Meer unser Lager auf. Ich schaue Richtung Pond Inlet. Es ist gut, hier in der geschützten Bucht zu verweilen und noch etwas nachdenken zu können, ehe wir uns wieder der Zivilisation stellen. Während ich im Freien das Abendessen zubereite, denke ich an die vergangenen Tage. Eine Wärme erfüllt mich. Die Vielfalt hat mich am meisten fasziniert. Wir haben hier die Veränderungen der Natur hautnah erlebt. Jetzt lassen sich die meisten Dinge ohne Handschuhe erledigen, was zu Anfang undenkbar gewesen wäre. In den ersten Wochen war es ein Kampf, in die Schlafsäcke zu kriechen. Damals waren es vier Stück übereinander. Jetzt benutzen wir nur einen. Trotzdem ist es warm! Die Wärme ist angenehm, aber es ist auch wunderbar, hier auf Baffin Island die richtige Winterkälte erlebt zu haben.

Alles ist bei minus vierzig Grad anders. Die Geräusche, das ständige Knarren der Skier und der Pulkas auf dem Sandpapierschnee. Auch der Alltag in der großen Kälte gestaltet sich ganz anders, nicht zuletzt, weil man ständig aufpassen muss, dass man sich keine Erfrierungen zuzieht. Zu Beginn der Tour war es nachts noch dunkel, und das Nordlicht flackerte über den schönen Sternenhimmel. Jetzt erleuchtet die Mitternachtssonne die arktische Nacht. Wir sitzen auf der bloßen Erde, was erst seit wenigen Tagen möglich ist. Steine und Moos, vertrocknetes Gras vom Vorjahr und vertrocknete

Anu und Buck haben diese Tour zu einem unserer besten Abenteuer gemacht!

Blumen vermitteln einen völlig anderen Eindruck als die bisherige Schneewelt.

Die Variation unserer Route war aufregend. Lange Strecken über das Eis der Fjorde unter riesigen Bergen, dann wieder Übergänge in ganz andere Welten. Wir folgten Moränenlabyrinthen, zogen zugefrorene Flüsse hinauf und hinunter, erklommen Gletscher und verließen sie wieder. Kein Tag glich dem anderen.

Ich achte darauf, dass ich die richtige Menge Wasser in die Fertiggerichte gieße. Es ist wichtig, dass das Abendessen aller Babes die richtige Konsistenz hat. Fester für Vera und mich, etwas lockerer für Emma und fast flüssig für Ingebjørg. Meine Gedanken wenden sich der Zukunft zu. Ich denke an die Lofoten und an den Sommer. Ans Schwimmen im Meer, Fahrradfahren, Paddeln und Klettern. Ich denke an Henningsvær und das Meer, die Berge, die Strände, die Sonne und alle meine Freunde. Diese Gedanken machen mich glücklich. Es ist angenehm zu wissen, dass nach dieser schönen Tour etwas Erfreuliches auf mich wartet. Diese große Zufriedenheit überrascht mich. Unsere momentane Beschäftigung gefällt mir außerordentlich gut. Ich will mich gar nicht woanders aufhalten, andere Orte werde ich später besuchen. Orte mit Stränden und Orangenbäumen, mit warmem Meer und sanften Wellen. Es ist so schön, dass es sowohl Inseln mit Palmen als auch eisige Gebirgslandschaften gibt. Ich will beides. Aber jetzt will ich endlich mein Abendessen. Heute steht Lasagne auf dem Menü. Das ist perfekt!

Ein Palast aus Eis

Die Bedingungen sind ausgezeichnet, als wir unseren Marsch fortsetzen und den breiten Fjord erreichen.

Am 27. Mai schreibt Ingebjørg in ihr Tagebuch:
Wieder ein Tag mit schnellem, hartem Schnee. Es war phantastisch, mit dem Gletscher im Rücken nach Eric Harbour weiterzuziehen. Gebirge auf beiden Seiten und auf dem Eis eine Menge Robben. Auf der zweiten Etappe kamen wir zu einem schönen Robbenloch. Kristin hatte die gute Idee, einmal zu testen, wie es ist, Robbe zu sein. Ich

Inga fühlt sich mit einer leichten Pulka in der Maisonne sehr wohl.

hatte es im Nachhinein ein wenig bereut, letztes Mal nicht mit den anderen im Robbenloch gebadet zu haben. Diese Chance konnte ich mir nicht entgehen lassen. Zwei Tage hintereinander mit einem Bad! Gestern haben wir getestet, wie es sich in einem Schmelzwasserkolk vor dem Gletscher baden lässt. Kalt und gut.

Der Harsch, auf dem wir rasch vorankommen, hält sich bis gegen Mittag. Dann sinken die Hunde ein, und wir machen sie von den Leinen los. Wir kommen an einem Berg vorbei, der mit Eis bedeckt ist, das wie Diamanten funkelt, dann umrunden wir eine Landzunge und können auf den Fjord schauen, der nach Pond Inlet führt. Bis dorthin sind es nur noch achtzig Kilometer. Wir steuern einen riesigen Eisberg an, der ein gutes Stück weit im Fjord liegt. Das Camp an diesem Abend ist phantastisch. Der Eisberg

hat eine Seitenlänge von gut 50 Metern und eine Höhe von gut 25 Metern. Wir finden sogar eine Möglichkeit, ihn zu erklimmen. Erst müssen wir nur eine zwei Meter hohe steile Eiswand bezwingen. *Nemas problemas!* Ich stelle mich als Treppe zur Verfügung, die anderen verwenden meinen linken Oberschenkel als erste Stufe und meine Schultern

Die Eisberge funkeln wie Diamanten.

Emmas Tagebuch, 27. Mai:
»Es ist vollkommen magisch, alles ist magisch, jeder Tag, jeder Ort. Ich fühle mich vollkommen halleluja, bis in die Seele hinein.«

als zweite. Und siehe da! Schon sind sie oben! Vera setzt sich auf die Kante, und Ingebjørg lässt sich hinter ihr nieder und hält sie fest. Dann reicht mir Vera die Hand und zieht mich über die Kante. Zusammen entern wir jetzt diese schöne Eisburg.

In der Mitte liegt eine kleine blaue Lagune, die von hohen, zackig in die Luft ragenden Eisformationen umgeben ist. Wir klettern auf die Burgmauern und schauen zum letzten Mal auf das große, gefrorene Meer. Uns überfällt die Melancholie. Uns geht es jetzt so gut, und bald ist die Tour vorüber. Ein bedrückender Gedanke. Gleichzeitig ist es gut, tief durchzuatmen und daran zu denken, wie phantastisch es ist, genau in diesem Augenblick hier sein zu können.

Ein arktisches Spa

Wir verabschieden uns von der Eisburg und sausen weiter. Die Landschaft glitzert, der Schnee ist von einer Sonnenglasur überzogen. Der Schnee ist phänomenal: Bei jedem Abstoßen gleiten wir

Ich bringe das Frühlingsbad rasch hinter mich.

Spalten sind unglaublich faszinierend. Das Meereis ist mehrere Meter dick, trotzdem reichen die Risse bis weit in den Fjord hinein.

mehrere Meter weiter. Die kurzen Felle sind ein Hit! Ich bin am Morgen müde und schlaff, werde aber munter, als wir eine anderthalb Meter breite Rinne erreichen.

»Baden!«

»Iiiih!«

Die Wassertemperatur liegt bei etwa null Grad, vielleicht sogar etwas darunter, da Salzwasser erst bei minus vier Grad gefriert. Eine nach der anderen springen wir hinein, klettern aber sofort wieder raus. Es ist ein Gefühl, als würde der Kopf platzen, so eisig kalt ist es. Mit beiden Händen muss man den Kopf festhalten, damit er nicht eine Sekunde später explodiert. Für den restlichen Körper ist das Baden wunderbar erfrischend. Die Blutpumpe läuft auf Hochtouren, und wir fühlen uns phantastisch. Wir trocknen uns rasch ab, und die Haut duftet nach Sonne. Ein herrlicher Duft.

Emmas Motto begeistert uns: »Ein Bad bereut man nie!«

Zeit für Genuss

Der Plan war, heute 22 oder 23 Kilometer zu laufen, aber da wir eine längere Pause eingelegt haben, kommt es anders. Das ist in Ordnung. Genau das ist ja das Schöne – dass wir Zeit und Lust haben, unsere Tour zu genießen, dass wir die Möglichkeiten, die sich bieten, nutzen. Das erzeugt Freude, gibt Kraft und verleiht allem einen Sinn. Das unterscheidet diese von anderen Expeditionen, von denen wir gehört haben und bei denen man die Essensrationen kürzen und die Tage maximal dehnen muss, um überhaupt rechtzeitig irgendwo einzutreffen.

Am Abend erhalten wir Schneescooterbesuch. Es ist toll, wieder Leute zu treffen, seit dem letzten Mal ist recht viel Zeit verstrichen.

Die Risse werden immer breiter, und wir müssen unsere akrobatischen Talente aufbieten, um hinüberzukommen.

Die letzte Begegnung war die mit dem Zirkus in den Bruce Mountains vor über drei Wochen. Seither sind wir keiner Menschenseele mehr begegnet. Die Inuit strahlen beim Sprechen eine so wunderbare Gelassenheit aus. Das weckt Vertrauen und Respekt. Tim und sein Sohn Alan waren mit einem Freund bei der Robbenjagd am offenen Eis. Sie haben anschließend eine Nacht in einer Hütte geschlafen und befinden sich jetzt auf dem Rückweg nach Pond Inlet. Die restliche Strecke ins Dorf werden sie in weniger als einer Stunde bewältigen.

»Eine Stunde! Nicht zu fassen! Eine Stunde!«

Vera kriegt sich nicht mehr ein. Sowohl während sie im Freien das Abendessen zubereitet, als auch später, als wir alle in unseren Schlafsäcken liegen, ruft sie immer noch schockiert: »Eine Stunde!«

Ich glaube, sie sagt das so oft, damit sie mit dem schrecklichen Gefühl, das diese Worte auslösen, nicht allein ist.

Wir vier haben den gleichen Gedanken, als wir einschlafen.

Frucht-Fiesta

Pond Inlet liegt offensichtlich ganz in der Nähe. Wir sehen mehrere Schneescooter weit draußen auf dem Eis vorbeibrettern. Einer fährt allerdings nicht vorbei, sondern kommt mit Vollgas auf uns zu. Er hält an, und ein braun gebrannter Typ steigt ab.

»*I've got something for you girls.*«

Mit wunderbarem schottischem Akzent und breit grinsend bittet er uns, ihm zum Schlittenanhänger zu folgen.

»*I'm Dave by the way. I have been expecting you.*«

Wir geben ihm gesittet die Hand, und erst jetzt wird uns klar, dass das Dave Reed ist, mit dem wir per E-Mail korrespondiert hatten. Dave ist der Inhaber von Polar Sea, einer Firma in Pond Inlet, die geführte Abenteuer- und Arktisexpeditionen organisiert. Er hat uns hinsichtlich der Route und anderer Fragen, die bei der Planung unserer Tour auftauchten, beraten.

Die Spannung ist fast unerträglich, als Dave eine Kühltasche öffnet.

Kein Zweifel: Daves kleine Überraschung löst Begeisterung aus.

»Cocktailtomaten!«, ruft Vera.

»Äpfel!« Jetzt gerät Ingebjørg in Ekstase.

Als Dave auch noch eine große Tüte Orangen hervorzieht, sind wir fassungslos. Mir wird ganz weich in den Knien, und ich muss mich auf meinen Schlitten setzen. Emma und ich sehen uns an. Wir fragen uns, wie dieser fremde Mann so genau wissen konnte, wovon wir in den letzten Wochen geträumt und wonach wir uns gesehnt haben.

»*I've been out skiing before*«, erklärt Dave lächelnd.

Er verspricht uns für unsere Ankunft eine Pizza. Dann macht er sich auf den Weg an die Kante des Eises, um Ausrüstung zu holen, die er dort deponiert hat. Wir winken ihm hinterher und genießen glücklich den herrlichen Geschmack von frischem Obst.

Aus Emmas Tagebuch, 29. Mai:

Wie lecker frische Sachen doch schmecken! Orangen sind wirklich unschlagbar. Kristin und ich sind lebende Orangen!

Das spektakulärste Camp der Tour

Dave gab uns den Tipp, an einem eisbedeckten Berg in der Bucht von Albert Harbour unser Lager aufzuschlagen. Nach 25 Kilometern Marsch erreichen wir unser Ziel. Zeitweise ohne Felle, konnte ich auf der harten, ebenen Eisdecke heute richtig Gas geben. Ich kontrollierte mein Tempo mit dem GPS. Obwohl ich eine Pulka hinter mir herzog, brachte ich es auf eine sehr beachtliche Spitzengeschwindigkeit von 28,4 Kilometern pro Stunde. Buck und Anu, die nicht angeleint waren, hatten auch großen Spaß daran, dass es endlich einmal zügiger voranging. Anu ist eine Sprinterin und konnte mühelos mithalten, während Buck hinter uns herkeuchte.

»Wollen wir oben auf dem Berg kampieren?«, schlage ich energisch vor, als wir direkt vor dem fünfzig Meter hohen Eiskoloss stehen. »Ich meine, nicht direkt auf dem Gipfel, sondern auf der Anhöhe da.« Ich deute auf einen zehn Meter hohen Eishügel.

»Eine gute Idee, das machen wir!«

Vera ist sofort mit von der Partie. Es gefällt mir, mit ihr unterwegs zu sein. Sie ist immer für einen Spaß und eine Herausforderung zu haben und zudem unglaublich ausgeglichen.

Emma findet meine Idee, sich direkt vom Zelt abzuseilen, hervorragend, allerdings nur, bis sie das zwei Meter breite Wasserloch am Fuß der Eiswand erreicht …

Wir schleppen und wuchten die Pulkas nach oben. Der Wind wird stärker, und wir haben nur vier Eisschrauben zur Befestigung des Zeltes. Wir bohren mit den Schrauben Löcher ins Eis, um darin die normalen Schneeheringe zu befestigen. Immer wieder müssen wir mit den Pulkas runter aufs Eis des Fjords, um sie mit Schnee zu füllen und damit die Schneematten zu beschweren.

Dann steht unser Palast. Wir haben das spektakulärste Zeltlager der Tour errichtet!

Das Tor zur Zivilisation

Albert Harbour ist ein wahnsinnig schöner Ort. Die südlichen Felsen sind nicht von Schnee bedeckt, und das braune Gestein bildet einen schönen Kontrast zu den anderen eisbedeckten Bergen und den azurblauen kleinen Lagunen davor.

»*Pond is just around the corner*«, sagten alle, die uns in den letzten Tagen begegneten. Diese Worte machen uns zu schaffen. Um die Ecke zu biegen, durch das »Tor« zu treten, bedeutet für uns, unsere eigene Tour hinter uns zu lassen. Wir trotten langsam voran, als wollten wir die Wirklichkeit etwas hinauszögern und das Leben in unserem Babes-Universum noch etwas fortsetzen. Vielleicht können wir die Zeit anhalten, sie ausdehnen, sie festhalten?

Aus Veras Tagebuch, 30. Mai:
Ich will Albert Harbour nicht verlassen. Hier hat man das Gefühl, das Tor zur Zivilisation erreicht zu haben. Durchqueren wir es, dann gibt es kein Zurück mehr. Bylot Island im Norden sieht phantas-

Wir genießen noch einmal ausgiebig die phantastische Eislandschaft, bevor das Tor zur Zivilisation unerbittlich näherrückt.

tisch aus, sollten wir nicht erst noch dorthin? Es ist deprimierend, ich kann mit meinen Gefühlen nicht umgehen. Ich will ganz einfach nicht ankommen, obwohl das unser großes Ziel ist.

Emma demonstriert echte Babe-Power.

Jede arbeitet sich in großer Entfernung zu den anderen weiter voran, um Raum für die eigenen Gedanken zu haben.

Das Packeis in dem breiten Sund wurde von der Sonne aufgeweicht. Wir legen lange Pausen ein und essen zusätzliche Schokolade und Powerriegel. Ich bin etwas zittrig und habe ein merkwürdiges, unbestimmbares Gefühl im Bauch, eine Art Spannung, von der ich mir wünsche, sie wäre nicht da. Gleichzeitig nehme ich jedes Funkeln der Sonne wahr und freue mich, auf Skiern zu stehen. Ich fahre gern Ski und kann gar nicht genug davon bekommen. Im Grunde passt alles! Nach nur drei Stunden schlagen wir auf einem grasbewachsenen Geländeabsatz unser Lager auf. Blühender Steinbrech und frisch geschlüpfte Gänseküken heißen uns willkommen. Über uns fliegen die Wildgänse hinweg. Das Zelt bauen wir am Rand eines kleinen Abgrunds auf.

»Das ist ein ganz anderer Lagerplatz als gestern«, meint Ingebjørg. »Ein eisbedeckter Berg und eine Wiese am selben Tag.«

Der Untergrund ist etwas zäh. Der kalte, knirschende Sandpapierschnee vom März wirkt sehr fern.

Für die besten Lagerplätze muss man sich extra anstrengen.

Die Häuser von Pond Inlet sind in etwa zehn Kilometern Entfernung zu erkennen, aber niemand schaut in diese Richtung.

Morgen sind wir dort.

Wir verzehren das letzte Abendessen der Tour und gönnen uns gebratene Hafersnacks zum Dessert. Anschließend ist es Zeit, auf die Tour und unsere Freundschaft anzustoßen. Wir feuern mit der Signalpistole Richtung Sonne und jubeln! Vera und ich krönen das Feuerwerk mit ein paar Gewehrschüssen ins Packeis. Eis und Schnee spritzen auf, wir jubeln aufs Neue. Ingebjørg spielt Mundharmonika unter der Mitternachtssonne, das klingt melancholisch, aber auch sehr schön. Wir reden über unsere Freude, die gemeinsamen Erlebnisse und unsere Erinnerungen. Hätte jede diese Tour für sich unternommen, gäbe es anschließend niemanden, der einen verstehen würde. Wir haben Glück, dass wir uns haben.

Jeden Abend vor dem Zubettgehen tollen wir mit den Hunden herum, heute Abend verbringe ich besonders viel Zeit mit ihnen. Buck und Anu waren großartig, sie haben dazu beigetragen, die Stimmung auf der Tour zu verbessern. Hundefell ist recht wasser-

Es handelt sich weder um einen Außerirdischen noch um einen arktischen Bankräuber, sondern um Emma, die sich vor der brennenden Sonne schützt.

Wir hacken einer Robbe den Weg zurück ins Wasser frei.

Mit nacktem Oberkörper nähern wir uns der Zivilisation, aber in Fernglas-abstand ziehen wir unsere BHs lieber wieder an.

abweisend, aber was Tränen anbelangt, scheint es wahnsinnige Mengen aufsaugen zu können. Nach Ende der Wanderung müssen wir die Hunde leider ihrem Besitzer Rick in Iqaluit zurückgeben.

Der Abend ist still und kostbar. Ich bin froh und traurig. Diese Expedition ist das Beste, was mir je passieren konnte.

Achtzigster Tag

Mit bunten Ballons an den Pulkas nähern wir uns am 31. Mai 2009 Pond Inlet. Anstandshalber ziehen wir einige Kleider über, als die kleinen Punkte am Horizont zu Häusern werden und wir Menschen in Ameisengröße erkennen. Den Tag haben wir nur in Slip und Socken begonnen, aber wir sehen ein, dass die Zivilisation bei der Konfrontation mit Wilden wie uns Mühe haben könnte.

Die Wehmut, die in der letzten Zeit so erdrückend war, ist plötzlich verflogen. Der Tag ist fröhlich, und wir sind stolz. Die letzten Schritte der Expedition sind getan, nach einem Vierteljahr auf Skiern sind wir am Ziel.

»*High five*, Ladys! Super!«

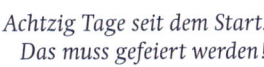

Achtzig Tage seit dem Start.
Das muss gefeiert werden!

In Pond Inlet treffen wir auf Schneematsch, Matsch und schneefreie Partien. Wir sind am Ziel!

Das Ufer ist erreicht. Wir heben die Arme über die Köpfe und gratulieren uns gegenseitig zwischen den Schneescooterspuren, Walskeletten und toten Hunden. Es ist schmutzig auf dem Eis, und oben im Dorf ist der ganze Schnee geschmolzen.

Pond Inlet

Der Name der Inuit für Pond Inlet ist Mittimatalik, was so viel heißt wie »Ort, an dem Mittima begraben liegt«. Wer dieser Mittima war, weiß allerdings niemand mehr. In Pond Inlet wohnen 1500 Menschen, 93 Prozent von ihnen sind Inuit. Der Ort liegt auf 72 Grad, 41 Sekunden nördlicher Breite, also ein Grad nördlicher als das Nordkap in Norwegen. Außerdem befindet er sich auf einer Anhöhe mit Blick auf den Fjord und das wunderschöne Bylot Island.

Die Ankunft in Pond Inlet ist ein Erfolg, und wir kosten unsere Leistung in vollen Zügen aus. Sie ist umso beachtlicher, weil wir so viel gelächelt haben, so einen Spaß hatten und jeden Tag trotz der Kälte genießen konnten. An die entsetzlichen Minusgrade, die wir so gefürchtet hatten, haben wir uns mittlerweile gewöhnt. Wir haben all das Schöne in uns aufgenommen, das die kalte Zeit mit sich bringt. Es ist ebenfalls eine Leistung, dass wir immer noch gute Freundinnen sind. Natürlich gingen mir diese Verrückten Ingebjørg, Emma und Vera wahnsinnig auf die Nerven, aber im Großen und Ganzen habe ich diese Zeit mit meinen großartigen Freundinnen geliebt. Unser Beisammensein war von Gelächter, Gemütlichkeit und Zufriedenheit geprägt. Das finde ich sehr beeindruckend! Beachtlich ist auch, dass wir keine Verletzungen davongetragen haben und keinen Unfall hatten. Es ist eine Leistung, dass wir 1200 Kilometer auf Skiern zurückgelegt haben und achtzig Tage unterwegs waren.

Achtzig Tage sind lang, aber andererseits auch wieder viel zu kurz.

Nachträgliche Gedanken

Kristin: Eine 1200 Kilometer lange Skispur

Drammen, 25. Februar 2010

Bei meiner Rückkehr nach Norwegen am 8. Juni 2009 ist schon richtig Sommer. Bei meiner Mutter in Drammen kann ich unbegrenzt Obst und frisches Brot essen. Ich renne in kurzen Hosen über die Wiese, schwimme im Drammenselva und trinke mit meinen Freundinnen Sekt. Dann fahre ich wie immer auf die Lofoten, um den Sommer über zu arbeiten. In den einzigartigen Schären bei Henningsvær veranstalte ich Kajaktouren für Touristen.

Wenn ich allein unter der Mitternachtssonne paddele oder mit Freunden klettern gehe, passiert es nicht selten, dass ich in Gedanken nach Baffin zurückkehre. Zum Schnee, ins Eis und in die Berge. Ich kann mich an jedes einzelne Camp erinnern und freue mich, dass ich damals in meinem Alltag so aufmerksam sein konnte. Wie oft kommt es sonst vor, dass man sich daran erinnert, was man über einen Zeitraum von drei Monaten jeden einzelnen Tag unternommen hat?

Schließe ich die Augen, dann höre ich das Prusten der Narwale, die an die Oberfläche kommen, um dort, wo kein Eis liegt, Atem zu schöpfen. Ich erinnere mich an all die phantastischen Menschen, denen wir begegneten, ich sehe die imposanten Eisbären, die Vögel, die uns das Nahen des Frühlings verkündeten, die Robben, die sich auf dem Eis ausruhten, jederzeit bereit, bei dem geringsten Anzeichen von Bedrohung ins Meer zu verschwinden. Und ich denke an uns vier, die Baffin Babes. Die besten Babes der Welt, die zusammen eine 1200 Kilometer lange Skispur durch ein magisches Winterland weit im Norden zogen.

Die Spur, die wir auf Baffin hinterließen, wurde vom Polarwind verweht. Die Spuren, die Baffin in mir hinterlassen hat, werden nie verschwinden.

Emma: Im selben Tempo wie die Zeit

Henningsvær, 27. Juni 2009

Wehmütig besteige ich in Pond Inlet das Flugzeug. Müde und mit Tränen in den Augen sitzen wir alle auf Fensterplätzen und schauen auf die Landschaft hinunter, durch die wir in den letzten drei Monaten gereist sind. In zwei Stunden legen wir dieselbe Entfernung zurück, für die wir auf Skiern achtzig Tage benötigten. Von hier oben sieht alles so klein aus, wie eine unwirkliche Miniaturlandschaft. Aber in mir ist diese Landschaft immer noch groß und unendlich. Ich lokalisiere den verräterischen Gletscher, den kleinen See, wo wir zufällig den Zirkus getroffen haben, ich sehe den Gipfel des Broad Peak, wo wir ekstatisch auf 1849 Metern über dem Meer standen. Es erfüllt mich mit Trauer und schmerzt mich, das alles hinter mir zurückzulassen, aber auch ein stilles Glücksgefühl ergreift von mir Besitz, denn ich weiß, dass ich es immer in mir tragen werde.

Als ich am 10. Juni in Göteborg aus dem Bus steige, merke ich deutlich, wie weit weg wir vom raschen Tempo und pulsierenden Leben der Zivilisation waren. Ich muss pinkeln, und für den Bruchteil einer Sekunde erwäge ich, einfach die Hosen herunterzulassen. Ich beherrsche mich jedoch und finde eine Toilette, aber deren

Benutzung kostet zehn Kronen. Ich habe kein Geld und den Code für meine Geldkarte und mein Handy vergessen. Ein wenig konfus steige ich in die falsche Straßenbahn, ehe ich den Weg nach Hause finde. Ich habe das Gefühl, mich in Zeitlupe zu bewegen, während alles andere an mir vorbeirast. Als sei mein Tempo nicht das der anderen. In einem Anfall leichter Paranoia kommt es mir so vor, als würden mich alle anstarren, und ich frage mich, ob an meinem Gesicht etwas Besonderes ist, bis mir dann nach einer Weile bewusst wird, dass ich es einfach nicht mehr gewohnt bin, den Blicken anderer zu begegnen.

Fast drei Monate lang haben wir auf Baffin Island gelebt, und obwohl wir jeden Tag weiterzogen, kam uns jeder Lagerplatz wie unser Zuhause vor. Skilaufen war unser Alltag, manchmal ging es bei Sonne und guter Unterlage leicht, an anderen Tagen versanken wir im Schnee und hatten Gegenwind. Es mag seltsam wirken, aber diese scheinbar monotone Bewegung wurde mir nie lästig. Sie ging in einen Zustand der Meditation über. Wir bewegten uns im Takt der Umgebung und der veränderlichen Jahreszeiten, einen Schritt nach dem anderen. Die Präsenz war total, und wir gönnten uns die Zeit, die Augenblicke zu genießen – sie zu verlängern. Ich spüre immer noch, wie die kalte Luft meine Lungen füllt und die Kälte meine Nase verstopft. Ich höre das Geräusch unserer Skier auf dem festen Schnee. Ich habe den Geruch des nahenden Frühlings in der Nase. Wenn ich draußen bin, öffnen sich alle meine Sinne. Ich konzentriere mich auf das Hier und Jetzt. Es kann leicht passieren, dass Gedanken und Gefühle von Dingen beherrscht werden, die in der Zukunft liegen. Man orientiert sich an einem Zeitpunkt, lässt sein Verhalten von der Uhrzeit bestimmen – dem nächsten Meeting, den Arbeitsaufgaben für die Woche, den Plänen für das Wochenende. Bei einer Tour scheint sich die Zeit zu verändern, als gehöre sie nur uns. Ich habe das Gefühl, mit der Zeit im Einklang zu sein, ein Gefühl, in die Unendlichkeit entschweben zu können.

Mir fehlen die anderen Babes bereits, Kristins Betteln um Schokolade und ihre Witze über das Essen, Veras Nacktbaden im Schnee und Ingebjørgs gedämpfte Mundharmonika am Abend. Wir sind zusammen gewachsen, haben unsere Grenzen getestet, und unsere Freundschaft ist stärker als je zuvor. Eines Tages werden wir wieder den Blick auf dem eisigen, grenzenlosen Meereshorizont ruhen lassen.

Vera: Genau hier ist das Leben

Spitzbergen, im Sommer 2009
Mein Tagebuch, 1. Juni:
Ich bin dreckig, aber ich will nicht duschen, ich will nicht, dass die sichtbaren Spuren auf meiner Haut verschwinden. Ich will die Zeit anhalten, den Blick aufs Eis richten, die Rapperin Kristin, das Organisationstalent Ingebjørg und den Clown mit dem eisernen Willen Emma neben mir haben und weiterziehen. Aber jetzt ziehen wir in unterschiedliche Richtungen.

Ich lasse mir ein paar sonnenreife Erdbeeren im Osloer Stadtteil Grünerløkka schmecken, bevor ich wieder auf Spitzbergen eintreffe, um dort als Tourenführerin zu arbeiten. Jede Woche treffe ich mit neuen Touristen zusammen. Sie überlegen sich vermutlich, was mit meinen Wangen los ist. Die Frostschäden sind deutlich sichtbar. Werde ich gefragt, antworte ich, das seien schöne Narben von einem schönen Ort. In meinen Träumen bin ich in der magischen Welt des Packeises unterwegs, in der alles so natürlich ist.

Ich fliege über die Adern der Gletscher hinweg, die das Schmelzwasser hinterlassen hat, und komme auf die Hochebenen, auf denen der Wind den Schnee zu Kunstwerken geformt hat. Obwohl ich nur wenige Tage in der Zivilisation verbracht habe, habe ich das Gefühl, dass dort nur Karriere, Aussehen und Geld wichtig sind. Mir fehlt das Einfache und Selbstverständliche – der Genuss, der darin besteht, eine Paranuss im Brei zu finden, am Morgen das Zugseil einzuhaken und mit den anderen drei über das weite Land hinwegzutanzen. Mit neuen Augen sehe ich den Stress und die Zwänge meines Alltags, aber es gelingt mir zumindest, etwas innezuhalten, mich umzuschauen und das Tempo zu drosseln.

Jetzt befinde ich mich auf den Lernerøyene, einer Inselgruppe, auf der die Eiderenten brüten, und hinter mir kalbt ein Gletscher. Von der blauweißen Farbe des Eises kann ich nie genug bekommen. Die Expedition hat mich verändert, so wie die Liebe die Menschen verändert. Ich bin in der Großartigkeit der Natur gefangen und überzeugter denn je, dass ich meinem nicht unbedingt geraden Weg folgen will, weil ich weiß, dass er mir neue Höhepunkte bescheren wird. Ich verstehe immer mehr, dass es darum geht, den Augenblick zu genießen. Denn HIER ist alles am stärksten; die Erinnerungen sind schön, aber der Augenblick ist hier und jetzt am schönsten.

Ingebjørg: Ich sehne mich zurück

Tromsø, 15. Dezember 2009
Ein halbes Jahr ist vergangen, seit wir nach Hause kamen. Ich denke an Baffin, träume mich dorthin. Das tue ich jeden Tag, seit wir die Insel verlassen haben. Meist lächele ich, wenn ich mich er-

innere, manchmal weine ich auch. Wie sehr ich mich doch dorthin sehne! Ich sehne mich danach, auf Tour zu sein. Ich sehne mich nach der Freiheit und nach der Zeit. Und mir fehlen die Leute, denen wir begegneten. Im Flugzeug nach Norwegen schrieb ich:

Das Härteste bei der ganzen Expedition war, in Pond Inlet wieder ins Flugzeug zu steigen und abzureisen. Mir tat alles weh, weil das so traurig war. Es war, als sei der Schmerz so groß, dass er aus mir herausbrechen müsste. Ich wollte schreien, aber musste mich zusammennehmen, da ich in einem Flugzeug saß. Stattdessen liefen mir die Tränen über die Wangen. Ich setzte die Sonnenbrille auf und tat so, als wäre ich unsichtbar. Ich wollte mit meinen Gedanken und Gefühlen allein sein. Das hier war das Ende des Abenteuers. Das war der Abschied von der Natur, von Pond Inlet, vom Eis am offenen Meer und von allen phantastischen und herzlichen Menschen, denen wir begegnet waren.

Die erste Woche in Norwegen war fürchterlich. Ich litt an Jetlag, war übernächtigt und hatte einen Zivilisationsschock erlitten. Die Menschen auf den Straßen lächelten nicht. Ich fand es nur anstrengend, mich um meine Mails zu kümmern, und als ich mein Handy zum ersten Mal wieder einschaltete, wurde mir fast übel. Glücklicherweise fuhr ich rasch auf die Lofoten weiter. Ich holte meinen Hund und baute das Zelt für den Sommer auf. Ich traf meine Freunde und meine Familie, ich kletterte und lief in leichten Schuhen herum – und schwamm im Meer. Es dauerte etwas, aber dann ging mir wieder auf, wie schön es eigentlich auch ist, in Norwegen zu sein und ein »normales« Leben zu führen.

Die Zeit nach Baffin vergeht so unglaublich schnell. Fünfzig Tage lang ging es nur ums Essen, Weiterziehen, Schlafen. Es gab unendlich viel Zeit zum Nachdenken. Hier zu Hause sind die Tage unwirklich kurz. Besonders zu Beginn brauchte ich mehr Zeit für mich als je zuvor. Ich musste meine Eindrücke und Erinnerungen von der Tour verarbeiten und alles, was ich erlebt hatte, sortieren und nutzbar machen. Die wichtigste Erkenntnis kam mir eines Tages, als wir über das Fjordeis gingen. Ich war erschöpft und verärgert, weil man mich bei einer Entscheidung überstimmt hatte, schaute zu Boden und war verschlossen. So ging es einige Stunden lang voran, bis ich plötzlich überlegte, dass wir vermutlich an den schönsten Eisskulpturen entlangzogen oder dass vielleicht gerade eine Robbe auf dem Eis lag, möglicherweise hatte auch die Gebirgswand wunderschöne Farben. Diese Dinge würden mir entgehen, wenn ich in Gedanken woanders war. Die Tour war aber zu kurz, um sich auch nur das Geringste entgehen zu lassen. Und so ist es auch mit dem Leben. Es ist zu kurz, um es nicht hundertprozentig wahrzunehmen. Es ist schön, sich auf Dinge zu freuen, und schön, sich zu erinnern, aber ich habe begriffen, wie wichtig es ist, das Hier und Jetzt zu genießen.

Ich glaube, dass ich mich an die Baffin-Expedition immer mit einem breiten Lächeln und einem kleinen Kloß im Hals erinnern werde. Ich werde mich an Veras Freude über Makkaroni mit Käse erinnern, an Kristins Engagement für das Baffin-Ballett und an Emma als Leiterin beim Aerobic-Training. Ich werde mich an Anu erinnern, wie sie einen Geröllhang hinaufläuft, und an Buck, der ihr etwas ungeschickt folgt. Ich werde mich immer an das Stahleis im Stewart Valley erinnern, an das Licht und die Narwale im offenen Meer am Ende des Eises. Und an den kleinen Samuel, der mir stolz erzählte, am nächsten Tag sei sein fünfter Geburtstag, dann lächelte und sagte: »*You can always come back.*«

Dank

Alle Kapitel dieses Buches entstanden in Zusammenarbeit. Außerdem leistete Ingebjørg eine beachtliche Arbeit beim Verfassen der Kastentexte. Unsere Lektorin der Originalausgabe, Gro Stangeland, behielt während des gesamten Entstehungsprozesses des Buches die Zügel in der Hand. Vielen Dank, Gro!

Wir hoffen, dass Euch Leser diese »Expedition in Buchform« dazu inspiriert, das zu wagen und umzusetzen, wofür Ihr Euch wirklich begeistert! Es könnte die beste Unternehmung Eures Lebens werden.

Wir danken unseren Familien, Freunden und allen, mit denen wir zusammengearbeitet haben. Ohne Euch hätte es keine Baffin Babes gegeben!

Ingebjørg, Vera, Emma und Kristin

Eiswelten

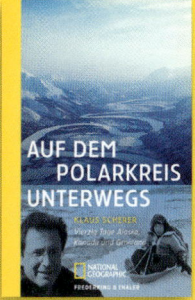

Klaus Scherer
Auf dem Polarkreis unterwegs
Vierzig Tage Alaska, Kanada
und Grönland

»Ein kurzweilig geschilderter
Streifzug mit erstaunlichem
Tiefgang.«   Tagesspiegel

Mike Horn
Nordpol bei Nacht
Eine Expedition in Eis und Finsternis

In der Polarnacht, bei -50 °C
und mit über 160 Kilo Gepäck
aus eigener Muskelkraft bis
zum nördlichsten Punkt der Erde.
Ein fesselnder Bericht über die
Gefahren und Reize der Arktis.

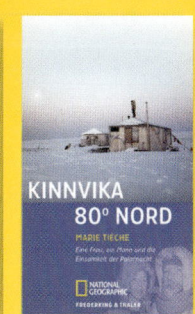

Marie Tièche
Kinnvika 80° Nord
Eine Frau, ein Mann und
die Einsamkeit der Polarnacht

Ein abenteuerliches Jahr im ewigen
Eis nördlich von Spitzbergen, in einer
Hütte, die Behausung und Forschungs-
basis zugleich ist. Der sehr persönliche Bericht einer starken Frau.

MALIK ☐ NATIONAL GEOGRAPHIC

10/1034/03/3c

Mit mutigen Frauen um die Welt

I. Emerick / F. Conlon / H. C. de Tessan
Solotour
29 spannende Abenteuer von Frauen,
die allein reisen

Wer mit diesen Frauen reist,
spürt Freiheit und sieht sich selbst
und die Welt mit neuen Augen.

Milbry Polk / Mary Tiegreen
Frauen erkunden die Welt
Entdecken. Forschen. Berichten.

84 Entdeckerinnen aus zwei
Jahrtausenden: wahre Geschichten,
die mitreißender sind als jeder
Abenteuerroman.

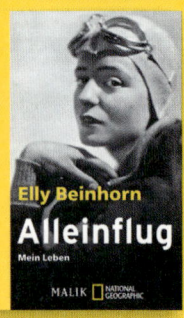

Elly Beinhorn
Alleinflug
Mein Leben

»Die letzte Königin der Lüfte«
(FAZ) schildert ihre abenteuer-
lichsten Flüge und unvergessliche
Begegnungen in aller Welt.

MALIK ☐ NATIONAL GEOGRAPHIC